CB076692

PANAROMA DO FINNEGANS WAKE

Signos 1

Coleção Signos Dirigida por Augusto de Campos
Supervisão Editorial J. Guinsburg
Assessoria Editorial Plinio Martins Filho
Revisão Augusto e Haroldo de Campos
Capa e Programação Visual Antonio G. Lizárraga
Produção Ricardo W. Neves e Sergio Kon

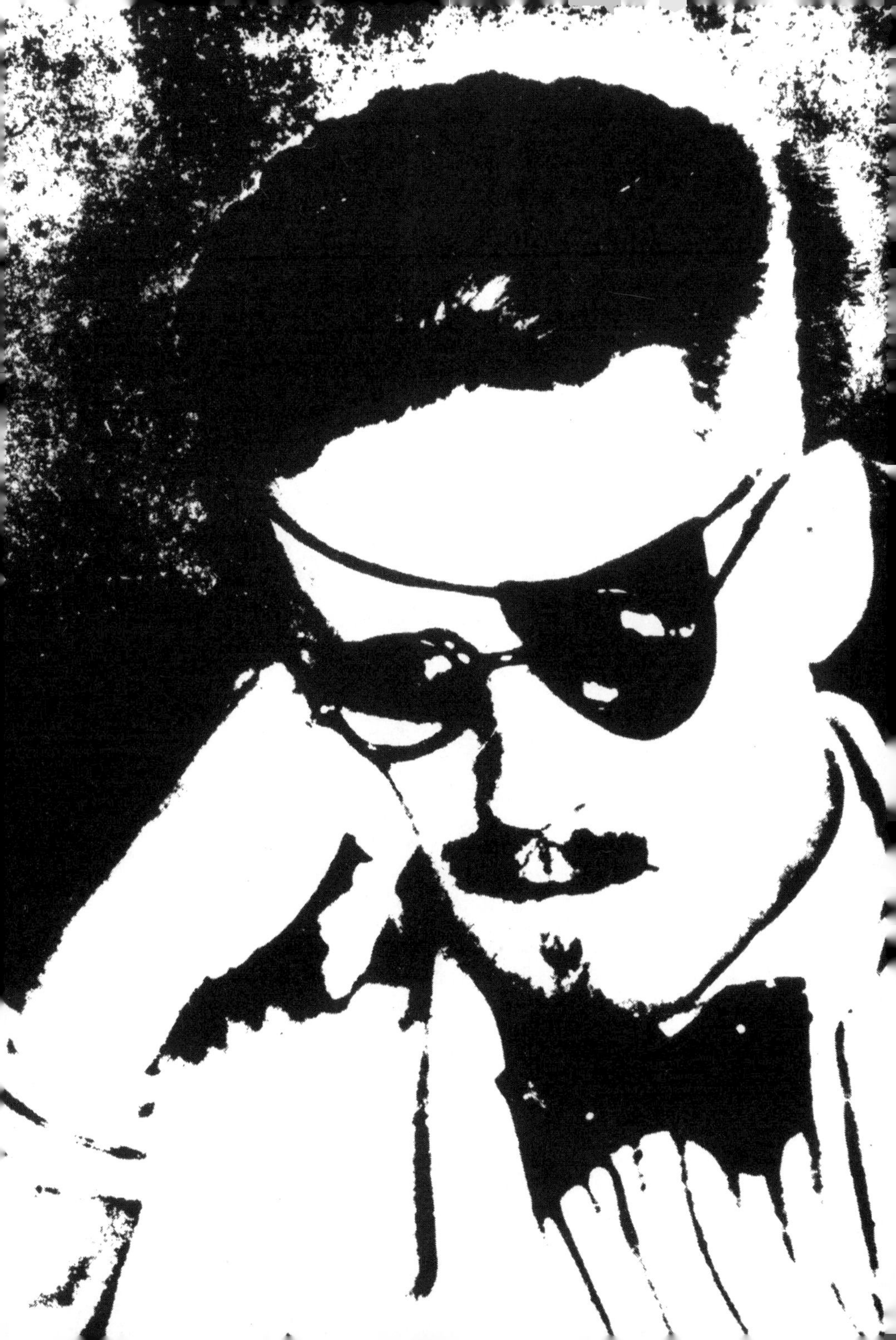

augusto e
haroldo de campos

PANAROMA DO
FINNEGANS WAKE

Ideogramas sobre o texto de Joyce por
GERTY SARUÉ

PERSPECTIVA

Dados Internacionais de Catalogação na Publicação (CIP)
(Câmara Brasileira do Livro, SP, Brasil)

Campos, Augusto de, 1931-
Panaroma do *Finnegans Wake*/ Augusto de Campos, Haroldo de Campos. -- 4. ed. rev. e ampl. -- São Paulo : Perspectiva, 2001.

Bibliografia.
ISBN 85-273-0270-5

1. Joyce, James, 1882-1941. *Finnegans Wake* - Crítica e interpretação I. Campos, Haroldo de. II. Título.

01-4911 CDD-820.9

Índices para catálogo sistemático:
1. Joyce : Literatura inglesa : História e crítica   820.9

4ª edição revista e ampliada
[PPD]

Direitos reservados em língua portuguesa à
EDITORA PERSPECTIVA LTDA.
Alameda Santos, 1909, cj. 22
01419-100 São Paulo SP Brasil
Tel.: (11) 3885-8388
www.editoraperspectiva.com.br

2022

In Memoriam

Elvira Almeida Prado Browne de Campos

que nos ensinou a cultivar
a métafora Irlanda

SUMÁRIO

Nota Editorial... 17
Prefácio à Quarta Edição... 21
Prefácio à Segunda Edição.. 23
Panaroma em Português... 27

FINNEGANS WAKE / FINNICIUS REVÉM 33

Fragmentos... 39

1. *riverrun, past Eve and Adam's (FW, 3)*
1. riocorrente, depois de Eva e Adão............................... 40/41

2. *So This is Dyoublong? (FW, 13)*
2. Então Esta é Dubilingue?... 42/43

3. *(Stoop) if you are abcedminded (FW, 18)*
3. (Respare) se você é abecedemente 44/45

4. *Now, to be on anew (FW, 143)*
4. Agora, para reglossar outravez..................................... 46/47

5. *Now open, pet, your lips (FW, 147-148)*
5. Agora abre, pet, teus lábios.. 48/51

6. *And they viterberated each other (FW, 157-159)*
6. E eles viterberaram um ao outro 52/57

7. *The house O'Shea or O'Shame (FW, 182-184)*
7. A casa d'O'Shea ou (Vê!Xame!) 58/61

8. *Sniffer of carrion, premature gravedigger (FW, 189-190)*
8. Farejador de carniça, coveiro prematuro 62/63

9. *O tell me all about Anna Livia (FW, 196-198)*
9. Ah fala-me de Ana Lívia 66/71

10. *Tell me, tell me, how cam she camlin (FW, 202-204)*
10. Fala-me, fala-me, cam é que ela veio 72/77

11. *O, wasn't he the bold priest? (FW, 204)*
11. Oh! Não era ele o pravo padre? 78/79

12. *First she let her hair fal (FW, 206-207)*
12. Primeiro ela deixou seu cabelo fluir 80/81

13. *Well, you know or don't you kennet (FW, 213-214)*
13. Bem, você sabe ou não persabe 82/85

14. *Throw the cobwebs from your eyes, woman (FW, 214-216)*
14. Tira as teias dos teus olhos, mulher 86/89

15. *Poor Isa sits a glooming so gleaming (FW, 226)*
15. A pobre Isa está sentada tão sentida 90/91

16. *It darkles, (tinct, tint) (FW, 244)*
16. Escurece, tingetinto 92/93

17. *...and, an you could peep (FW, 292)*
17. ...e se você puder espipiar 94/95

18. *I could sit on safe (FW, 449-450)*
18. Eu poderia assentar-me assalvo 96/97

19. *Night by silentsailing night (FW, 556)*
19. Noite após navesilente noite 98/99

20. *A time (FW, 559)*
20. Um tempo 100/101

21. *Who sleeps in now number one (FW, 561)*
21. Quem dorme agora no número um 102/103

22. *Yes, you're changing, sonhusband (FW, 627-628)*
22. Sim, você está mudando, filhesposo 104/107
Sinopse 109
Notas 111

APÊNDICES 141

Jabberwocky/Jaguadarte – Lewis Carrol/Augusto de Campos 144
Introdução a um Assunto Estranho – *Joseph Campbell e
Henry Morton Robinson* 151
O Lance de Dados do *Finnegans Wake* – *Augusto de Campos*............ 165
De *Ulysses* a *Ulisses* – *Augusto de Campos*..171
Outras Palavras sobre *Finnegans Wake* – *Augusto de Campos* 195
Do Desesperanto à Esperança – Joyce Revém – *Haroldo de Campos*....199
Síntese Biobibliográfica..205
Bibliografia Consultada 209

Ilustrações (na ordem em que aparecem): Foto de Joyce por Berenice Abbott (Patricia Hutchins, *James Joyce's World*); Retrato de Joyce (mente-labirinto) por Brancusi (desenho reproduzido no catálogo da exposição *La Hune*, Paris); Joyce e Mrs. Joyce (Nora Barnacle) em 1930 (de um folheto publicitário da Gotham Book Mart, Inc., Nova York); mãos de Joyce, foto de Gisèle Freund (*Jean Paris, James Joyce par lui-même*); Estátua de Joyce pelo escultor Milton Hebald, no Cemitério de Zurique (Friedhof Fluntern), foto de Carmen de Arruda Campos (1979); Cemitério Protestante de Zurique (Friedhof Fluntern) onde J. Joyce está sepultado, foto de Carmen de Arruda Campos (1979).

NOTA EDITORIAL

A autorização para a publicação dos fragmentos do *Finnegans Wake* que integram este livro, no original inglês e na tradução brasileira, foi concedida à Editora Perspectiva por Miss Anne Munro-Kerr, da Sociedade dos Autores, de Londres, representante dos herdeiros de James Joyce (copyright 1939 by Joyce). A Editora do texto original, na Inglaterra, é a Faber and Faber Ltd., de Londres, e, nos Estados Unidos, The Viking Press, de Nova York. A Perspectiva agradece ao poeta português Alberto Lacerda a colaboração prestada nos entendimentos com a Sociedade dos Autores britânica.

O capítulo "Introdução a um Assunto Estranho" pertence ao livro *A Skeleton Key to Finnegans Wake*, copyright 1944, por Joseph Campbell e Henry Morton Robinson, e foi traduzido com autorização de Harcourt, Brace & World, Inc., Nova York.

A Editora Perspectiva consigna também seus agradecimentos a Gerty Sarué, pelos ideogramas inspirados no texto de Joyce, especialmente criados para este livro, e a Antonio G. Lizárraga, pela programação visual do volume.

from Blasil the Brast to our povotogesus portocall (316)

from the land of breach of promise with Brendan's mantle whitening the Kerribrasilian sea (442)

A disincarnated spirit, called Sebastion, from the Rivera in Januero (536)

on the island of Breasil the wildth of me perished and I took my plowshure sadly, feeling pity for me sored: (549)

to beg for a bite in our bark Noisdanger (168)

PREFÁCIO À QUARTA EDIÇÃO

Parece inacreditável que tenhamos chegado a esta quarta edição do *Panaroma* – a primeira data de 1962, vale dizer 39 anos de registro em livro do desbravamento da "terra incógnita" do *Finnegans Wake*, que encetamos, de fato, em 1957, com a publicação das primeiras traduções e estudos nas páginas do Suplemento Literário do *Jornal do Brasil*. Não é pouco significativo num contexto tão hostil à poesia e à literatura de vanguarda ou experimental como o nosso. *Finnegans Wake* é 100% de inovação linguística. Nenhuma concessão. Nenhum recuo.

Frente a um universo linguístico tão denso e tão inovador, optamos desde o início pelo critério da tradução não extensiva, mas intensiva. O nosso objetivo sempre foi o de trabalhar e lapidar alguns dos "momentos mágicos" do livro, e somente dar a público aqueles que, em nosso entender, oferecessem, em português, um estatuto equivalente à alta voltagem de invenção e criatividade do original. Trabalho de concentração. Sob esse critério de rigor, o que se propunha, como meta, era um compacto fragmentário, mas feito de fragmentos privilegiados, "epifanias" ou pontos luminosos – uma seleção de peneira fina, que, se não desse conta de todos os passos da narrativa, pudesse propiciar ao leitor um mergulho a fundo no "panorama das flores da fala" joyciano, sem perdas e danos de artesania e poeticidade. O *Finnegans Wake* é uma espécie de I-Ching literário, podendo ser abordado a partir de qualquer ponto ("place allspace in a nutshell"), sem requerer necessariamente uma leitura linear, de tipo narrativo, e isto vem ao encontro da estratégia adotada para captar as mininuances e microestruturas da mais ambiciosa aventura literária de James Joyce, em suas dimensões estética e anímica.

Decorridos 15 anos da última edição, temos naturalmente alguns acréscimos e expansões a oferecer. Traduzir Joyce e, mais ainda, traduzir *Finnegans Wake* implica uma vigília e uma revitalização sem fim, como o sugere o próprio título da obra. A areia movediça do texto joyciano suscita sempre releituras e redescobertas. Assim, adicionamos à primeira, uma nova abordagem feita por Augusto de Campos ao trecho da "queda", que integra o fragmento inicial do livro, um segundo pensamento tradutório que acaba sendo significativo pelas reverberações que projeta do caleidoscópio linguístico joyciano. Augusto contribui ainda com os fragmentos 3 – "(Respare) se você é abecedemente" e 5 – "Agora abre, pet, teus lábios". Além disso reviu e expandiu os dois primeiros fragmentos do capítulo conhecido como "Anna Livia Plurabelle" (Fragmentos 9 – "Ah! Fala-me de Ana Lívia..." e 10 –"Fala-me fala-me cam é que ela veio...") e aditou-lhes um terceiro trecho (13 – "Bem, você sabe ou não persabe..."). Haroldo colabora com mais três fragmentos, 11 – "Oh! Não era ele o pravo padre?" (integrante do capítulo de "Anna Livia Plurabelle"), 17 – "Eu poderia assentar-me assalvo" e 18. "e se você puder espipiar...". As notas interpretativas são ampliadas e adaptadas para acolher os comentários relativos aos textos ora introduzidos. Entendemos ainda pertinente incluir os artigos "Outras Palavras sobre *Finnegans Wake*" e "Do Desesperanto à Esperança: Joyce Revém", publicados em 1982, em comemoração ao Centenário do Nascimento de Joyce, e que já àquela altura antecipavam o renascimento do interesse pela obra mais radical do grande escritor irlandês.

Augusto e Haroldo de Campos

PREFÁCIO À SEGUNDA EDIÇÃO

O *Panaroma do Finnegans Wake* foi publicado, pela primeira vez, há cerca de oito anos, numa edição não comercial[1].
Neste novo lançamento, que se deve ao apoio de J. Guinsburg, mantivemos, na íntegra, a fisionomia do volume: um *vade-mecum* (*wake-mecum*...) para ulterior leitura e aprofundamento do texto joyciano, e, ao mesmo tempo, um exercício de tradução como criação, uma luta verbal, livre e lúdica, no ring traçado pelas balizas literais do texto original.

Acrescentamos mais 5 fragmentos à antologia (ns. 2, 5, 8, 9 e 12) e expandimos dois outros trechos, o inicial e o referente a Nuvoletta (n. 4). A seleção resultante é assim, praticamente, duas vezes maior que a anterior. Correspondentemente, ajuntamos novos comentários a cada excerto. Não se trata de glosas exaustivas, mas de informações básicas que pretendem apenas orientar o leitor na compreensão das passagens mais difíceis.

No interregno, desde 1962, a bibliografia joyciana registrou numerosos acréscimos de importância, inclusive no item relativo a traduções de excertos do *Finnegans Wake*. No Brasil, houve a publicação, em 1965, da tradução do *Ulisses*, por Antônio Houaiss. Na Bibliografia que encerra o volume, incluímos um adendo com a indicação de alguns dos principais títulos aparecidos posteriormente à primeira publicação do *Panaroma*. Quanto à versão brasileira do *Ulisses*, estampamos, em apêndice, os comentários críticos que Augusto de Campos publicou sobre ela numa série de artigos para o Suplemento Literário de *O Estado de S. Paulo*.

---

1 São Paulo, Conselho Estadual de Cultura, Comissão de Literatura, 1962.

É significativo que este volume inaugure, na Editora Perspectiva, a nova coleção SIGNOS. É um batismo de radicalidade que se dá, assim, a esta coleção experimental, destinada programaticamente à publicação de textos criativos. O *Finnegans Wake*, mais ainda que o *Ulisses*, assinala o dissídio com a era da representação (do romance como raconto ou fabulação) e instaura, no domínio da prosa, onde se movia o realismo oitocentista com seus sucedâneos e avatares, a era da textualidade, a literatura do significante ou do signo em sua materialidade mesma (se o realismo subsiste, este será agora de natureza estritamente semiótica). Este livro-desafio, por outro lado, é um daqueles "textos de ruptura", que instigam a semiologia da literatura a assumir a sua especificidade, como algo diverso seja da ciência linguística, seja da crítica literária (Roland Barthes). Pois não basta, para a renovação dos métodos de abordagem textual, incorporar, por exemplo, os expedientes e terminologias mais à mão do varejo estruturalista. É preciso, na verdade, reformular de fundo a visão e as opções que a evolução da literatura e a crise do estatuto dos gêneros propõem à consciência analítica. E isto, justamente, através da meditação de seus produtos mais carregados de poder contestatório e eversivo em relação ao cânon estabelecido, se se quiser fazer, neste campo, algo mais do que uma simples cosmese de superfície.

No pórtico dos anos 70, *Finnegans Wake* mostra uma vitalidade insuspeita, contrariando as previsões menos otimistas de alguns dos próprios companheiros de Joyce, que duvidavam da comunicabilidade da obra. Tal como anteviam os manifestos concretistas da década de 50, é o *Finnegans Wake*, hoje, "a" obra de Joyce que se projeta no presente e no futuro como "nutrimento do impulso" criador, com seu repertório inesgotável de invenções. Marshall McLuhan, que tem, reconhecidamente, no *FW*, uma das pedras-de-toque de seu pensamento, afirma (*The Gutenberg Galaxy*, 1962): "Joyce, no *Finnegans Wake*, está fazendo seus próprios desenhos rupestres de Altamira de toda a história da mente humana, em termos de gestos e posturas básicas durante todas as fases da cultura e da tecnologia do homem". Mais recentemente, em *War and Peace in the Global Village* (1968), livro todo ele pontilhado de citações marginais do *FW*, McLuhan volta a encarecer a significação da obra última de Joyce, dizendo: "O livro trata da retribalização elétrica do Ocidente e do efeito do Ocidente sobre o Oriente: 'The west shall shake the east awake ... while we have the night for morn...' O título de Joyce se refere diretamente à Orientalização do Ocidente pela tecnologia elétrica e ao encontro do Ocidente e do Oriente. O Wake tem muitos significados, entre eles o simples fato de que ao recorrer todos os passados humanos a nossa era tem a diferença de fazê-lo com um crescente despertar de consciência. [...] Joyce foi não somente o maior engenheiro de comportamentos que jamais viveu, ele foi um dos homens mais engraçados que já existiram, rearranjando os maiores lugares-comuns para produzir hilaridade e percepção: 'Onde a mão do homem jamais pôs o pé'."

Mais espantoso, ainda, é o trânsito progressivo do *Finnegans* da área da produção para o consumo, naquela dialética que Pignatari batizou, joycianamente, de "produssumo". Apesar de toda a sua aparente impenetrabilidade, o livro já está editado em *paperback*. Quanto mais evoluem e se interpenetram os meios de comunicação, mais atuais e atuantes parecem os métodos intersensoriais postos em prática por Joyce no seu último livro. Num artigo sobre Li'l Abner, o Ferdinando das histórias-em-quadrinhos de Al Capp, já augurava McLuhan (*The Mechanical Bride*, 1951): "Você gosta de Al Capp? Então você gostará de *Finnegans Wake*". Por um incômodo vício de recirculação, ele volta a circular em massa nos textos dos Beatles ("Expert texpert choking smokers don't you think the joker laughs at you?") e ressurge, entre nós, inclusive, oswaldivivo, "acrilírico", na voz mais inventiva da nova geração: "Braçal, ano dos maus. Brastel amo dos meus. Passou o ano dos gols. Bravil, anda com ferro e gorgulho a terra onde Maciste, criança, enfrentou João Lúcio Godar: não verás nenhum Paris como este". Da Dear Dirty Dublin a Santo Amargo da Putrificação. *From Blasil the Brast to our povotogesus portocall*. Do desvio da praia à dobra da Bahia: Caetano Veloso, 1970.

Augusto e Haroldo de Campos

PANAROMA EM PORTUGUÊS*

Haroldo de Campos

Traduzir James Joyce, especialmente fragmentos de *Finnegans Wake*, é uma ginástica com a palavra: um trabalho de perfeccionismo. Algo que nunca assume o aparato estático do definitivo, mas que permanece em movimento, tentativa aberta e constante, trazendo sempre em gestação novas soluções, "pistas" novas, que imantam o tradutor, obrigando-o a um retorno periódico ao texto e seus labirintos.

Ninguém, como Joyce, levou a tal extremo a minúcia artesanal da linguagem. Seu macrocosmo – seu romance-rio – traz, em quase cada uma das unidades verbais que o tecem, implícito um microcosmo. A palavra-metáfora. A palavra-montagem. A palavra--ideograma. "Nele, a palavra é prodigiosa: uma criação naturalista, um pequeno poema completo como um haicai japonês" (Luiz Gillet, *Stèle pour James Joyce*). "Coube a James Joyce desenvolver em literatura a linha pictórica do hieróglifo japonês" (Sergei Eisenstein, *Film Form*). Cada entidade "verbivocovisual" que ele cria é uma espécie de espelho-instante da obra toda, cujo estilo se baseia no "princípio do palimpsesto": "um significado, um conjunto de imagens, é superposto a outro" (Edmund Wilson, *Axel's Castle*). Esse paradoxal trabalho de miniaturista em larga escala ("panaroma of all flores of speech") exige do tradutor um esforço paralelo de reinvenção minuciosa. Mudando a língua, é claro, o *panaroma* muda de *panorama*: a tradução se torna uma espécie de jogo livre e rigoroso ao mesmo tempo, onde o que interessa não é a literalidade do texto, mas, sobretudo, a fidelidade ao espírito, ao "clima" joyciano, frente ao diverso

---

* Republicado em *Teoria da Poesia Concreta*, Invenção, São Paulo, 1965.

feixe de possibilidades do material verbal manipulado. E há uma rede renhida de efeitos sonoros a ser mantida, entremeada de quiproquós, trocadilhos, malapropismos. No *Finnegans* abole-se o dualismo fundo-forma, em prol de uma dialética perene de conteúdo-e-continente, de um onipresente isomorfismo: se o entrecho é fluvial, nomes de rios se imbricam nos vocábulos, criando um circuito reversível de reflexos do nível temático ao nível formal. Para dar um só exemplo: no fragmento 3 (*Nuvoletta*), quando a menina-nuvem volta ao céu, sobe pelos balaústres ("banisters") de uma escada imaginária; essa ascensão celeste é apresentada ao leitor sob a forma inaudita de um ideograma onde balaústres e astros se combinam: "baluastros" ("bannistars"). Verdadeiro alquimista do léxico, Joyce vale-se das "palavras-valise", do "Jabberwocky" de Lewis Carroll ("galumph": "gallop" + "triumph" = "galunfar"), como ponto de partida, levando o processo às suas máximas consequências. Obtém assim um alto grau de diversificação vocabular, operando uma "compressão do conteúdo semântico" (Shannon, *The Mathematical Theory of Communication*).

Dadas essas dificuldades, que convertem a empresa num verdadeiro "tour de force", só se fizeram, do *Finnegans Wake*, traduções de fragmentos, e assim mesmo em número reduzido. No catálogo da exposição comemorativa da vida e obra de Joyce (*James Joyce – Sa Vie / Son Oeuvre / Son Rayonnement*, 1949) são recenseadas uma tradução francesa, uma tcheca, uma italiana e uma alemã. Todas de excertos do episódio "Anna Livia Plurabelle". Dessas, conhecemos a francesa e a italiana. A primeira, a mais famosa, deve-se a uma equipe integrada por Samuel Beckett, Alfred Perron, Paul L. Léon, Eugène Jolas, Ivan Goll, Philippe Soupault e Adrienne Monnier, assistida pelo próprio Joyce; compreende dois trechos: a parte inicial (pp. 196-201 da edição original) e a final (pp. 215-216) do "Anna Livia"; Soupault publicou-a em apêndice a seu livro *Souvenirs de James Joyce* (1945). A versão italiana foi realizada por Joyce, em colaboração com Nino Frank e Ettore Settanni; abrange os mesmos trechos já vertidos para o francês; apareceu inicialmente na revista *Prospettive* (fevereiro, 1940) e, em 1955, foi republicada for Settanni em opúsculo. Posteriormente, foi traduzido para o francês mais um fragmento, pela equipe Maxime Chastaing, Armand Jacob e Arthur Watt: são as duas páginas finais da obra (627-628), publicação da revista *Roman*, junho de 1951. Em dezembro de 1957, André du Bouchet organizou e traduziu, para *La Nouvelle Revue Française*, sob o título de "Les Veilles des Finnegans", uma montagem de excertos do último capítulo do livro (pp. 601-628).

No mesmo ano, apareciam as primeiras traduções de fragmentos do *Finnegans* em português (Suplemento Literário do *Jornal do Brasil*, 15 de setembro e 29 de dezembro de 1957): são os textos que compõem a presente edição, revistos, ampliados e acrescidos de novos fragmentos.

O ritmo dessa prosapoesia – *riverrun / riocorrente* –é algo como um fluxo envolvente e contínuo. *Élan-vital. Durchdringung* – interpenetração orgânica das partes, "uma quase totêmica integração de ser humano e planta, rio, montanha ou nuvem" (Adelheid Obradovic – *Die Behandlung der Raeumlichket im spaetern Werk des James Joyce*). Uma tessitura onde a noção de desenvolvimento linear da narrativa deixa de ter validade. Tudo se passa num tempo total e num espaço total. Espaçotempo. Os personagens se constelam numa cosmogonia metamórfica, num *corso e ricorso* perpétuo, num círculo vico-(de Giambattista Vico, o autor de *La Scienza Nuova*) vicioso. À medida que os fatos e caracteres recuam para um segundo plano, o verdadeiro personagem se impõe: a linguagem. "O romance, na realidade, se desenrola entre Joyce e a linguagem" (Harry Levin, *James Joyce*). Ou, como quer Samuel Beckett: a obra "não é sobre alguma coisa. É ela própria essa alguma coisa" (*Our Exagmination*).

Uma obra com as características do *Finnegans Wake* requer uma operação de leitura muito diversa daquela a que estamos acostumados. Escrevemos em 1955 ("A Obra de Arte Aberta", *Diário de São Paulo*, 3 de julho)[1] que o *Finnegans* retinha a propriedade do círculo, da equidistância de todos os pontos em relação ao centro: a obra é porosa à leitura por qualquer das partes através das quais se procure assediá-la.

---

[1] Republicado em A. e H. de Campos e Décio Pignatari, *Teoria da Poesia Concreta*, São Paulo, 1965; 3ª ed., São Paulo, Brasiliense, 1987.

Assim, a leitura do *Finnegans* há de ser uma leitura topológica, em progresso, que não termina nunca, que se está fazendo sempre e que está sempre por fazer, tais os meandros do texto, as dificuldades que o inçam, as multifacetas desse maravilhoso caleidoscópio. Vimos depois, com satisfação, que nossa experiência coincidia com a de Michel Butor, o romancista da *La Modification*, que, em 1957, assim se exprimiu no seu "Esquisse d'un seuil pour Finnegan": "*Finnegans Wake* pode ser lido partindo-se de não importa que página. Abre-se o livro ao acaso e se encontra uma passagem jocosa ou um pensamento que seduz. Para deixar isto bem claro, Joyce começa seu livro no meio de uma frase e o termina no meio de outra que pode se reportar à primeira, o conjunto formando, assim, um círculo". "Voltei a ele não apenas vinte, mas cem vezes talvez, abrindo o texto aqui e ali, à aventura..."

Para que o leitor dos excertos traduzidos tenha uma ideia da estrutura da obra, apresentamos em apêndice uma tradução do capítulo introdutório de *A Skeleton Key to Finnegans Wake* (*Uma Chave-mestra para o FW*), de Joseph Campbell e Henry Morton Robinson, até agora a mais completa exegese do livro. Os fragmentos estão numerados de 1 a 11, pela ordem em que aparecem no original. A indicação das páginas respectivas (edições: Faber & Faber, inglesa, e The Viking Press, americana) e uma sinopse temática permitirão o enquadramento desses trechos no corpo do livro. O texto bilíngue possibilitará ao leitor acompanhar as peripécias da tradução.

Em apêndice figura também o artigo de Augusto de Campos, "O Lance de Dados do *Finnegans Wake*", publicado no Suplemento Literário de *O Estado de S. Paulo*, de 29 de novembro de 1958. Pareceu-nos oportuno reimprimi-lo aqui, porque chama a atenção para um dos mais recentes e fascinantes problemas da bibliografia joyciana: o estudo comparativo entre o *Finnegans*, romancepoema, e o poema-constelação de Mallarmé, *Un Coup de Dês* (*Um Lance de Dados*, 1897). De uma perspectiva brasileira, ou já da língua portuguesa, é importante que o leitor destas traduções considere a experiência linguística que vem sendo desenvolvida entre nós por Guimarães Rosa, num crescendo cujo clímax é o *Grande Sertão: Veredas* (1956), operando em nossa prosa uma revolução sob muitos aspectos semelhante à do mestre irlandês, embora investida de uma individualidade toda própria e inconfundível. Sobre o tema, consulte-se "Um Lance de 'Dês' do *Grande Sertão*", de Augusto de Campos (*Revista do Livro*, dezembro de 1959), trabalho que estende ao autor brasileiro o paralelo Joyce-Mallarmé. Desse estudo extraímos, para figurar também em apêndice, a recriação em nosso idioma do "Jabberwocky" ("Jaguadarte") de Lewis Carroll, poema que, como já foi acentuado, constitui uma das fontes principais do léxico do *Finnegans* ("Tis jest jibberweek's joke", *FW*, 565).

As epígrafes desta edição têm em mira reunir referências sobre o Brasil e o idioma português esparsas no *Finnegans Wake* e que até agora não foram recenseadas e postas num mesmo contexto. A relativa a NOISDANGER vincula o presente trabalho às atividades dos tradutores, que, desde 1952, editam a revista-livro NOIGANDRES, onde a enigmática expressão provençal (do trovador Arnaut Daniel, "*e l'olors d'enoi gandres*") foi tomada como lema de pesquisa e experimentação poética (via Ezra Pound, Canto XX, no qual ela aparece como pedra-de-toque). Joyce, evidentemente, alude à mesma fonte em seu anagrama, embora a conotação pareça ter escapado à perspicácia dos pesquisadores de temas e tópicos no *Finnegans Wake*, pois nem Adaline Glasheen (*A Census of FW*) nem James S. Atherton (*The Books at the Wake*) a identificam[2]. Vale assim como uma mínima gota d'água num oceano de reverberações.

E já que estamos no mundo das coincidências e dos refluxos, das ressonâncias e das circunvoluções – pois é aí que se move o *Finnegans Wake* – seja-nos permitida uma observação à margem. Não

---

[2] David Hayman, em seu interessante estudo "Pound at the Wake or the Uses of a Contemporary", *James Joyce Quarterly*, vol. 2, n. 3, Spring 1965, The University of Tulsa, Oklahoma, também não rastreia esta referência. Indicamos o fato ao Prof. Hayman, que, em carta de 12.11.66, considerou a alusão a NOIGANDRES como algo confirmador ou, pelo menos, corroborador de sua teoria sobre a influência de Ezra Pound no *FW*.

deixa de ser curioso, "por um cômodo vicus de recirculação", tenha sido preciso que um sangue irlandês fluísse por uma vertente baiana e depois paulista, de uma cepa de Butlers e Brownes transplantada para estes Brasis, para que o *panaroma* joyciano pudesse aclimatar-se em nosso idioma, vertido nele pela primeira vez. Assim, os tradutores, ao cabo desta sua tarefa tão imperfeita e falível, mas tão sinceramente animada de empenho e amor, sentem-se como que num retorno às raízes. E homenageando o maior prosador moderno, cultuam também a memória longínqua de um obscuro bisavô irlandês, Theobald Butler Browne, que lhes permite partilhar um pouco da herança comum dos personagens do *Finnegans* ("...olmond bottler!", *FW*, 118; "The Brownes de Browne – Browne of Castlehacknolan", *FW*, 303).

(São Paulo, 1962)

Finnegans Wake
Finnicius Revém

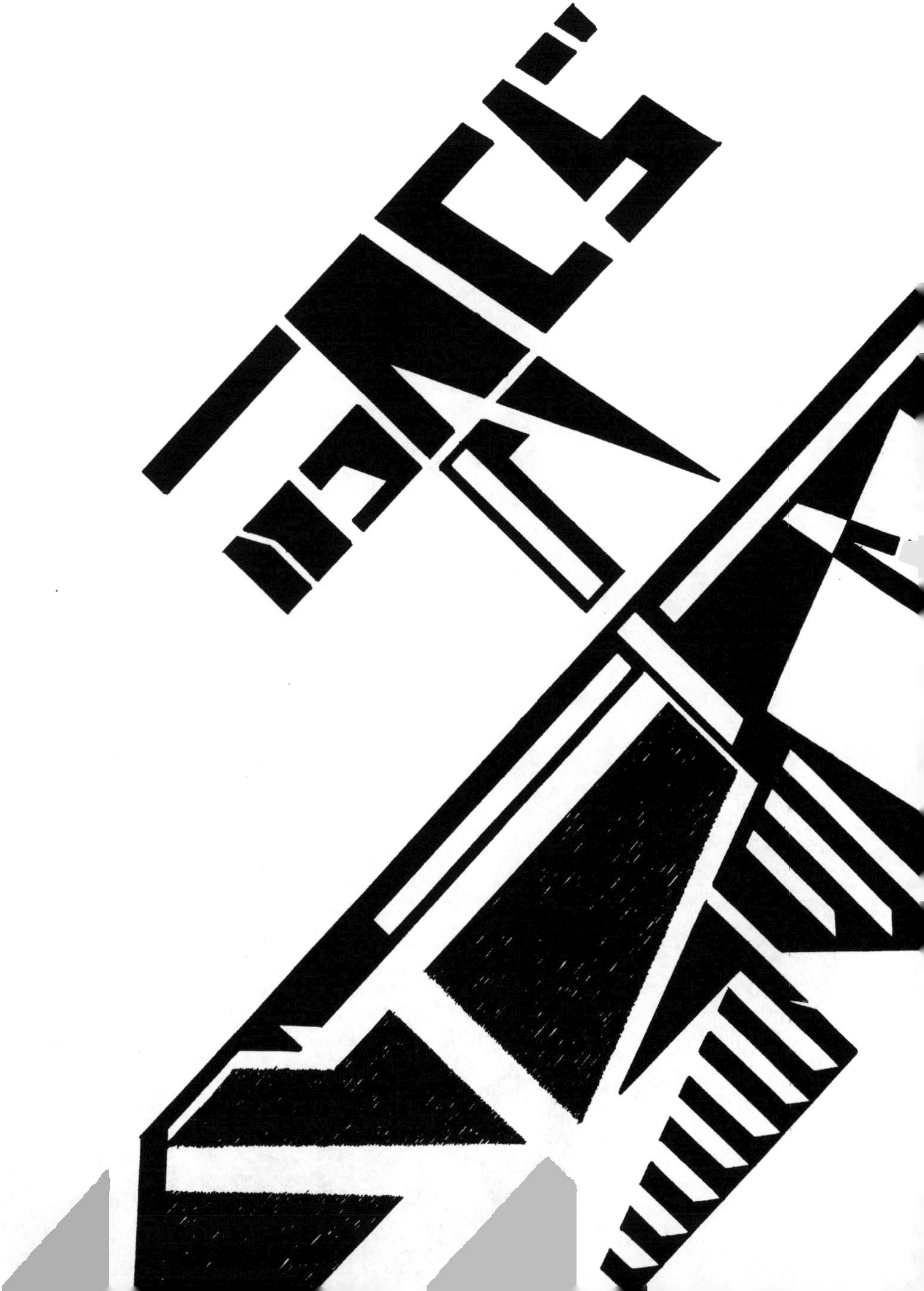

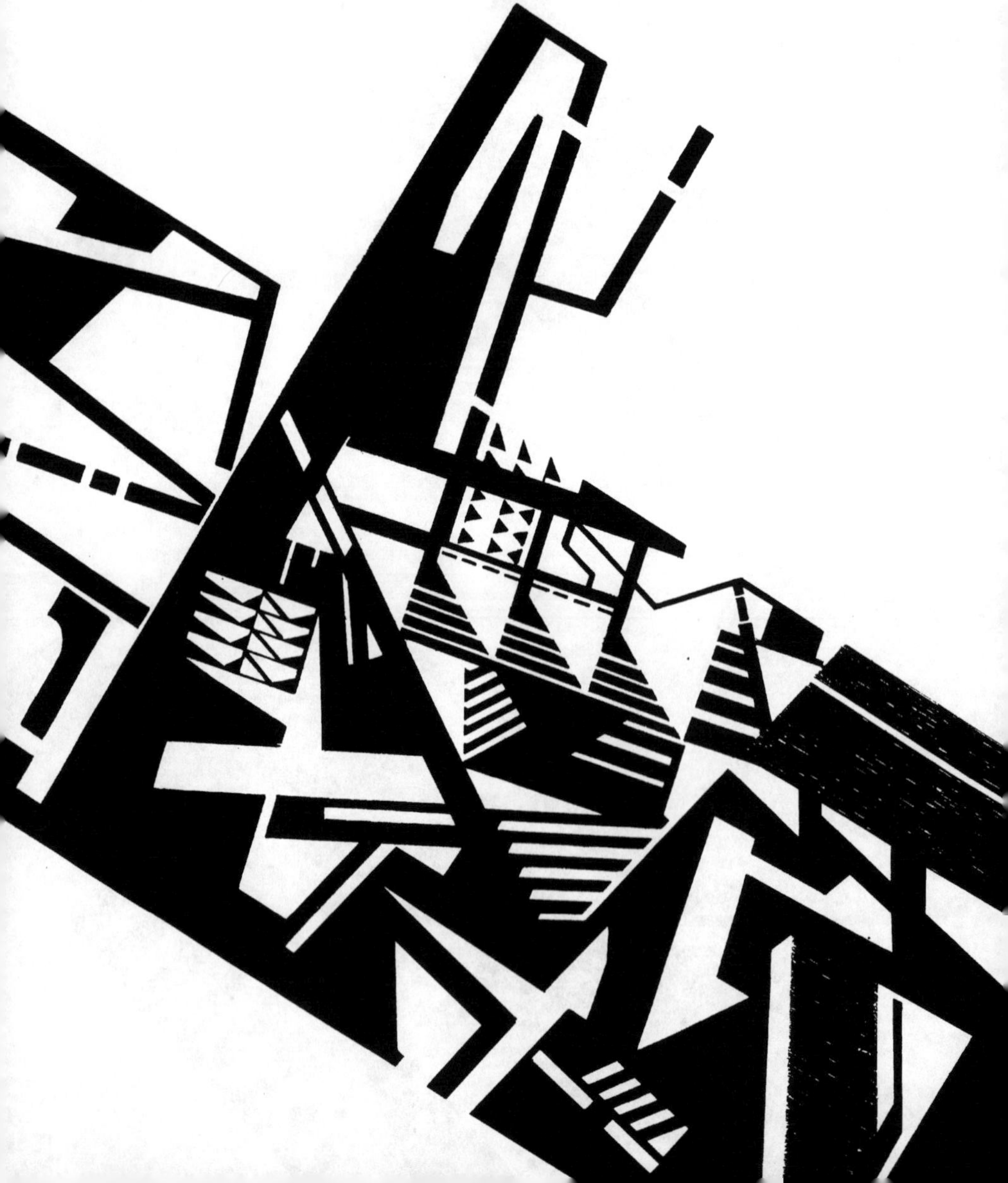

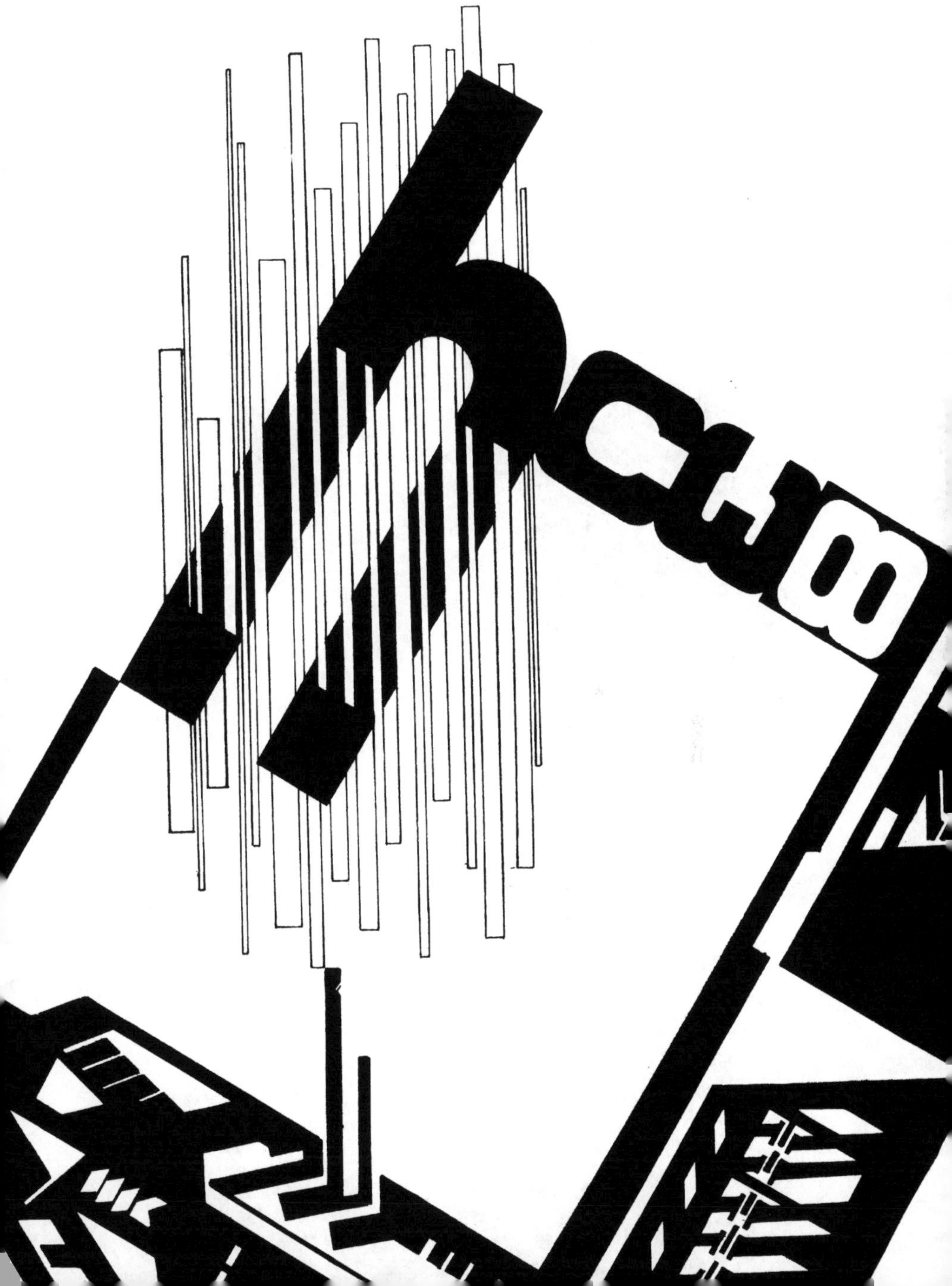

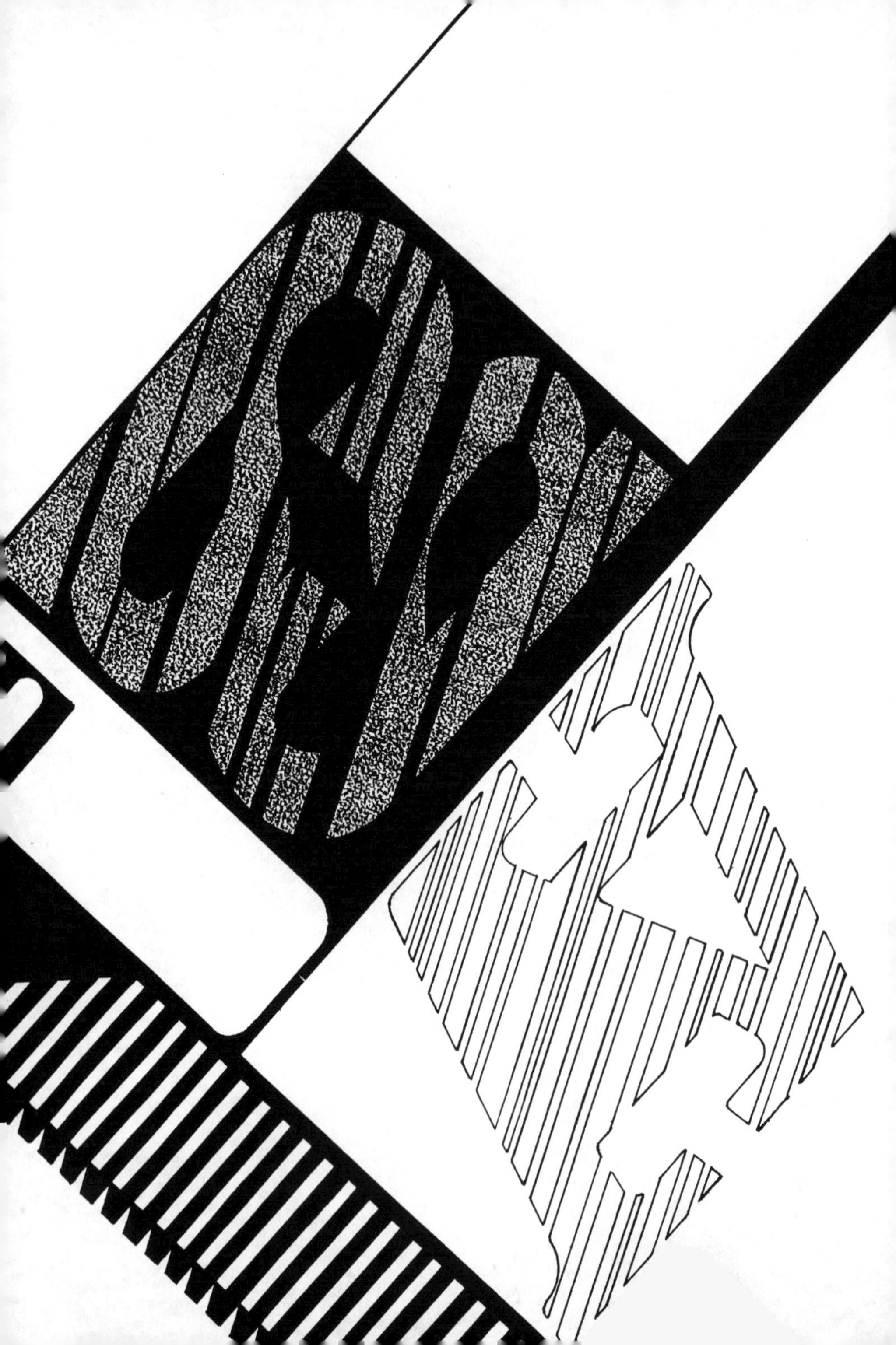

FRAGMENTOS

1

riverrun, past Eve and Adam's, from swerve of shore to bend of bay, brings us by a commodius vicus of recirculation back to Howth Castle and Environs.

Sir Tristram, violer d'amores, fr'over the short sea, had passencore rearrived from North Armorica on this side the scraggy isthmus of Europe Minor to wielderfight his penisolate war: nor had top-sawyer's rocks by the stream Oconee exaggerated themselse to Laurens County's gorgios while they went doublin their mumper all the time: nor avoice from afire bellowsed mishe mishe to tauftauf thuartpeatrick: not yet, though venisoon after, had a kidscad butteded a bland old isaac: not yet, though all's fair in vanessy, were sosie sesthers wroth with twone nathandjoe. Rot a peck of pa's malt had Jhem or Shen brewed by arclight and rory end to the regginbrow was to be seen ringsome on the aquaface.

The fall (bababadalgharaghtakamminarronnkonnbronntonner-ronntuonnthunntrovarrhounawnskawntoohoohoordenenthurnuk!) of a once wallstrait oldparr is retaled early in bed and later on life down through all christian minstrelsy. The great fall of the offwall entailed at such short notice the pftjschute of Finnegan, erse solid man, that the humptyhillhead of humself prumptly sends an unquiring one well to the west in quest of his tumptytumtoes: and their upturnpikepoint-andplace is at the knock out in the park where oranges have been laid to rust upon the green since devlinsfirst loved livvy.

(*FW*, 3)

1

riocorrente, depois de Eva e Adão, do desvio da praia à dobra da baía, devolve-nos por um commodius vicus de recirculação devolta a Howth Castle Ecercanias.

Sir Tristrão, violista d'amores, através o mar breve, não tinha ainda revoltado de Norte Armórica a este lado do áspero istmo da Europa Menor para loucomover sua guerra penisolada: nem tinham os calhões do altom sawyerrador pelo rio Oconee sexagerado aos gorgetos de Laurens County enquanto eles iam dublando os bebêbados todo o tempo: nem avoz de umachama bramugira mishe mishe a um tautauf tuèspatruísquio: nem ainda, embora logo mais veniesse, tinha um novelho esaùrido um velho e alquebrando isaac: nem ainda, embora tudo seja feério em Vanessidade, tinham as sesters sósias se enrutecido com o uníduo nathandjoe. Nem um galão de papamalte haviam Jhem ou Shen recevado à arcaluz e auroras antes o barcoíris fora visto circularco sobre a aquaface.

A queda (bababadalgharaghtakamminarronnkonnbronntonner-ronntuonnthunntrovarrhounawnskawntoohoohoordenenthurnuk!) de um ex venereável negaciante é recontada cedo na cama e logo na fama por todos os recantores da cristã idade. A grande queda do ovalto do muro acarretou em tão pouco lapso o pftjschute de Finnegan, outrora sólido ovarão, que a humptyhaltesta dele prumptamente manda uma testamunha para oeste à cata de suas tumptytumtunhas: e o retrospicopontoepouso delas repausa em pés no parque onde oranjos mofam sobre o verde desde que o primoamor ao diablin levou lívia.

(tradução de Augusto de Campos)

2

So This is Dyoublong?
Hush! Caution! Echoland!
How charmingly exquisite! It reminds you of the outwashed engravure that we used to be blurring on the blotchwall of his innkempt house. Used they? (I am sure that tiring chabelshoveller with the mujikal chocolat box, Miry Mitchel, is listening) I say, the remains of the outworn gravemure where used to be blurried the Ptollmens of the Incabus. Used we? (He is only pretendant to be stugging at the jubalee harp from a second existed lishener, Fiery Farrelly.) lt is well known. Lokk for himself and see the old butte new. Dbln. W.K.O.O. Hear? By the mausolime wall. Fimfim fimfim. With a grand funferall. Fumfum fumfum. 'Tis optophone which ontophanes. List! Wheatstone's magic lyer. They will be tuggling foriver. They will be lichening for allof. They will be pretumbling forover. The harpsdischord shall be theirs for ollaves.

(*FW*, 13)

2

Então Esta é Dubilingue?
Halto! Cautela! Ecolândia!
Heis um caminho esquisito! Lembra, de rasto, a deslavada negravura que bostumávamos manchar no borramuro de sua pensão intistinta. Crostumavam? (Estou certo de que aquele chatigante matracavo com sua caixa de chocolates mujicais, Muco Michel, está escutando) Digo, restos da desusada gravultura onde postumavam murchar os Ptolomens dos Incabus. Gostumávamos? (Ele está apenas pretrendentro estar peliscando a harpa jubalar de um segundo existinto ouvivente, Fero Farelo.) Isto é bem conhecido. Ferrolha-te a ele mesmo e vê o velho novo em folha. Dbln. W.K.O.O. Ouve? Junto ao muro do mausolimo. Fimfim fimfim. Um cortejo funébrio. Fumfum fumfum. É optofone que ontofana. Ouvê! A mágica menlira de Wheatstone. Eles lutharão por mil lírios. Eles escutarão por mil heras. Eles retumbarão por mil luras. Seus daedos tangerão a harpdiscórdia por mil liras.

(tradução de Augusto de Campos)

3

(Stoop) if you are abcedminded, to this claybook, what curios of signs (please stoop), in this allaphbed! Can you rede (since We and Thou had it out already) its world? lt is the same told of all. Many. Miscegenations on miscegenations. Tieckle. They lived und laughed ant loved end left. Forsin. Thy thingdome is given to the Meades and Porsons. The meandertale, aloss and again, of our old Heidenburgh in the days when Head-in-Clouds walked the earth. In the ignorance that implies impression that knits knowledge that finds the name-form that whets the wits that convey contacts that sweeten sensation that drives desire that adheres to attachment that dogs death that bitches birth that entails the ensuance of existentiality. But with a rush out of his navel reaching the reredos of Ramasbatham. A terricolous vivelyonview this; queer and it continues to be quaky. A hatch, a celt, an earshare the pourquose of which was to cassay the earthcrust at all of hours, furrowards, bagawards, like yoxen at the turnpaht. Here say figurines billycoose arming and mounting. Mounting and arming bellicose figurines see here. Futhorc, this liffle effingee is for a firefing called a flintforfall. Face at the eased! O I fay! Face at the waist! Ho, you fie! Upwap and dump em, ᛏᛃace to ᚠᛚace!

(*FW*, 18)

3

(Respare) se você é abecedemente, neste argilivro, que curiossos de signos (por favor, perspare), neste allaphbeleito! Você pode percever (pois que Nós e Vós já o temos visto e relisto) seus runiversos? É sempre o mesmo catacismo. Monos. Miscigerações e miscigenações. Tésseros. Eles vieram e viveram e vivaram e volveram. Farsolas. Teu ruinado é dado a Moedos e Perdas. A crânica meandertal, do arcaico da velha, das nossas priscas Paganagens, quando o Hexcelso Cirrus errava sobre a terra. Na ignorância que implica impressão que cunha o conhecimento que enforma a informa que impacta o tacto que suaviza o senso que detona o desejo que aviventa o afeto que amortena a morte que avarenta a vida que assenta a essiência da existencialidade. Mas com um bambuleio do seu tumbigo até os confundilhos do Masbaratham.Terrícola vivlivista esta; estranha e ainda terratremente. Um Hachado, um Celtelo, um Enxoxoto cujo priapósito era escavar a crosterrestre a toda hora, cavaprafrente, baghavatrás, como combois na gincanga. Aqui há figurinos beliscosos armados a cavalo. A cavalo armados belicosos figurinhos é aqui. Futhorc, esta líffinda esfingie serve de pedralasca para um fogofalto. Face para este! É fácil! Pace fara oeste! É fóssil! Faz-se e vai-se, ᛏᛃace a ᛤace.

(*tradução de Augusto de Campos*)

4

Now, to be on anew and basking again in the panaroma of all flores of speech, if a human being duly fatigued by his dayety in the sooty, having plenxty off time on his gouty hands and vacants of space at his sleepish feet and as hapless behind the dreams of accuracy as any camelot prince of dinmurk, were at this auctual futule preteriting unstant, in the states of suspensive exanimation, accorded, throughout the eye of a noodle, with an earsighted view of old hopeinhaven with all the ingredient and egregiunt whights and ways to which in the curse of his persistence the course of his tory will had been having recourses, the reverberration of knotcracking awes, the reconjugation of nodebinding ayes, the redissolusingness of mindmouldered ease and the thereby hang of the Hoel of it, could such a none, whiles even led comesilencers to comeliewithhers and till intempestuous Nox should catch the gallicry and spot lucan's dawn, byhold at ones what is main and why tis twain, how one once meet melts in tother wants poignings, the sap rising, the foles falling, the nimb now nihilant round the girlvhead so becoming, the wrestless in the womb, all the rivals to allsea, shakeagain, O disaster! shakealose, Ah how starring! but Heng's got a bit of Horsa's nose and Jeff's got the signs of Ham round his mouth and the beau that spun beautiful pales as it palls, what roserude and oragious grows gelb and greem, blue out the ind of it! Violet's dyed! then what would that fargazer seem to seemself to seem seeming of, dimm it all?
    Answer: A collideorscape!

(*FW*, 143)

4

Agora, para reglossar outravez e de novo insolar-se no panaroma de todas as flores da fala, se um ser humano devidamente fatigado por sua jornialidade no tediário, tendo plenchitude de tempo em suas mãos gotosas e lazares de espaço em seus pés sonambulantes e tão desventurado atrás dos sonhos de exatidão como qualquer camelot príncipe da sinamarga, fosse nesse pressente furturo compassado ininstante, no estado de suspensiva exanimação, convindo, pelo caolho de uma agulha, ao cabo, numa ouvidente visão da velha boaesperança, com todos os ingredientes e egregiunt trâmites e tramas por que no corso de sua persistência o curso de sua whigstórya houverá de estar tendo seus recorsos, a reverberração dos contangentes sems, a reconjugação dos negaceáveis sims, a redissilusão dos mentecaptados soms, e a conseguinte demo lição de Ludo, pudera esse insujeito, enquanto vésper volve os damaleões à cama das camélias, e até que a intempestuosa Nox lograsse ouver o galicanto e a aurora lucanora, distinguir de um luance qual é o X e por que é bis, como alguém dês que ama alguma quer algemas, a seiva subindo, as folhas falhando, o nimbo agora nihilante em volta da girl anda tão comportado, os gêmulos no ventre, todos os rivais para todomar, lançaganha, Oh disastro! lançaperde, Oh quão sinastro! mas Heng tem algo do nariz de Horsa e Jeff tem os sinais de Ham em torno à boca e o belo que empalidece na paleta, que rugirrosa ouranja ou âmbars, é ver de azul na anihilina! Violeta ex tinta! então o que poderia esse longe vidente parecer paracimesmo aparecer parecendo, resconda-me?

Resposta: Um colidouescapo!

(*tradução de Augusto de Campos*)

5

Now open, pet, your lips, pepette, like I used my sweet parted lipsabuss with Don Holohan of facetious memory taught me after the flannel dance, with the proof of love, up Smock Alley the first night he smelled pouder and I coloured beneath my fan, pipetta mia, when you learned me the linguo to melt. Whowham. would have ears like ours, blackhaired! Do you like that, silenzioso? Are you enjoying, this same little me, my life, my love? Why do you like my whispering? Is it not divinely deluscious? But in't it bufforyou? Misi, misi! Tell me till my thrillme comes! I will not break the seal. I am enjoying it still, I swear I am! Why do you prefer its in these dark nets, if why may ask, my seweetykins? Sh sh! Longears is flying. No, sweetissest, why would that ennoy me? But don't! You want to be slap well slapped for that. Your delighted lips, love, be careful! Mind my duvetyne dress above all! It's golded silvy, the newest sextones with princess effect. For Rutland blue's got out of passion. So, so, my precious! O, I can see the cost, chare! Don't tell me! Why, the boy in sheeps' lane knows that. If I sell whose, dears? Was I sold here' tears? You mean those conversation lozenges? How awful! The bold shame of me! I wouldn't, chickens, not for all the juliettes in the twinkly way! I could snap them when I see them winking at me in bed. I didn't did so, my intended, or was going to or thinking of. Shshsh! Don't start like that, you wretch! I thought ye knew all and more, ye aucthor, to explique to ones the significat of their exsystems with your nieu nivulon lead. It's only another queer fish or other in Brinbrou's damned old trouchorous river again, Gothewishegoths bless us and spare her! And gibos rest from the bosso! Excuse me for swearing, love, I swear to the sorrasims on their trons of Uian I didn't mean to by this alpin armlet! Did you really

5

Agora abre, pet, teus labios, pepette, como eu usava meus dulces astrolábios que Dan Holohan de humorresca meamória ensinuou-me após a dança dos flanelos, com a prova de amor, lá em Smock Alley, a primeira noite ele olorava a pólvora e eu colorri sob meu leque, pipetta mia, quando me a prendeste a solver o línguo. Quequem teria oras mais auras, meu reixinol! Gostas, silenzioso? Te agrada esta miniminha, meu amor, meu amo? Saboreias meu sussúrio? Não é divinamente deluxioso? E não te é sobeijo? Misi, misi! Fala-me até que meu frêmito frua! Eu não quebrarei o sigelo! Ainda estou em êxtase, juro que estuo! Por que preferes o crepósculo, se o mel pergunte, doçuraminha? Sh sh! As auras voam. Não, dulcissíssímo, por que isso me amorreceria? Não faz! Você devia levar uma sofetada bem dada, só por isa. Teus deliciados lábios, amor, cuidado! E olha o meu festido murchetado, mais que tudo! É doureado de plata sex tons divertentes com choque princesa. O azul de Rutland esta fora de boda. Sim, sim, precioso! Sei quanto custa, carício! Não me conte! Até o travesso do vico da oviela sabe. Que soldo eu espero? Por que i solda eu choro? O conversexo dos losanjos? Que error! Eu corro de verdonha! Eu não faria, minhas frangalinhas, por todas as julietas da via cintiláctea. Eu poderia apunhá-los quando eu os visse piscapiscando pra mim na cama. Eu não fiz que fiz, meu pretendido, ou ia fazer ou pensava em. Shshsh! Não começa com isso, meu vespertinho! Pensei que sabias um tanto e um quantum, como auctor, pra explicar a alguns o significat dos seus exsistemas com seu nuovo nivulon guia. É só mais um peixe raro no chorrio traicachoeiro, o diacho do riacho de Brinbrou de novo, Godoviciogodos me orvalham. E vão ser gibos no bosso dos outros! Perdoa a praga, amor, praquejo aos sorrassinos em

never in all our cantalang lives speak clothse to a girl's before? No! Not even to the charmermaid? How marfellows! Of course I believe you, my own dear doting liest, when you tell me. As I'd live to, O, I'd love to! Liss, liss! I muss whiss! Never that ever or I can remember dearstreaming faces, you may go through me! Never in all my whole white life of my matchless and pair. Or ever for bitter be the frucht of this hour! With my whitenesse I thee woo and bind my silk breasths I thee bound! Always, Amory, amor andmore! Till always, thou lovest! Shshshsh! So long as the lucksmith. Laughs!

(*FW*, 147/148)

seus trunos de Uian e não quis solfender por este braceleste alpino! Você jura que nunca em nossas cantalongas vidas falou no vestídulo de uma demazela antes? Não! Nem mesmo com a camoreira? Que marafilha! Claro que acredito, meu maroto mimado, se você me diz. Ah, eu morria para, ah, eu corria para! Veija, veija! Deije-me! Nunca que unca que ou eu me remembre de caras sorriodentes, pode me percurrar! Nunca em toda a minha alva vida do meu sempar e igual. Ou jamais somenos seja o fruchto deste existante! Por meus alveios eu te amarro e com meus sonseios eu te amorro! Sempre, Amory, amor emore! Até sempre, amoríssimo! Shshshsh! Até que um sortesão. Ria!

(*tradução de Augusto de Campos*)

6

And they viterberated each other, canis et coluber, with the wildest ever wielded since Tarriestinus lashed Pissasphaltium. – Unuchorn! – Ungulant! – Uvuloid! – Uskybeak!

And bullfolly answered volleyball.

Nuvoletta in her lightdress, spunn of sisteen shimmers, was looking down on them, leaning over the bannistars and listening all she childishly could. [...] She was alone. All her nubied companions were asleeping with the squirrels. [...] Nuvoletta listenend as she reflected herself, though the heavenly one with his constellatria and his emanations stood between, and she tried all she tried to make the Mookse look up at heer (but he was fore too adiaptotously farseeing) and to make the Gripes hear how coy she could be (though he was much too schystimatically auricular about his ens to heed her) but it was all mild's vapour moist. Not even her feignt reflection, Nuvoluc- cia, could they toke their gnoses off for their minds with intrepifide fate and bungless curiasity were conclaved with Heliogobbleus and Commodus and Enobarbarus and whatever the coordinal dickens they did as their damprauch of papyrs and buchstubs said. As if that was their spiration! As if theirs could duiparater her queendim! As if she would be third perty to search on search proceedings! She tried all the winsome wonsome ways her four winds had taught her. She tossed her sfumastelliacinous hair like la princesse de la Petite Bretagne and she rounded her mignons arms like Mrs. Cornwal- lis-West and she smiled over herself like the beauty of the image of the pose of the daughter of the queen of the Emperour of Irelande and she sighed after herself as were she born to bride with Tristis Tristior Tristissimus. But, sweet madonine, she migh fair as well

6

E eles viterberaram um ao outro, canis et coluber, com os mais braviários barbarigmos desde que Tarriestinus fastigou Pissasphaltium. – Unucorno! – Ungulante! – Uvuloide! – Uisquisito! E balifulo respondeu a voleibula.

Nuvoletta em sua étoilette de noite, tristecida em tremeluzes, estava espiando, reclinada sobre os baluastros, e escutando o mais infantolamente que podia. [...] Ela estava só. Todos os seus nuviosos companheiros estavam dormindo com os esquilos. [...] Nuvoletta escutou enquanto se refletivia, embora o celícola com sua constelatria e suas emanações estivesse de permeio, e tentou tudo o que era tentável para fazer o Romapose olhar para ela (mas ele estava mui adiaptotalmente duvidente) e fazer o Uivos ouvir quão viva ela podia ser (ainda que ele fosse demasiado esquicismaticamente auricular sobre seus ens para segui-la) mas foi tudo infútil. Nem mesmo sua ficta reflexão, Nuvoluccia, fá-los-ia elefantar seus gnasos pois suas mentes com intrepífida sofia e entusiasmática curiasidade estavam conclavadas com Helioglóbulos e Commodus e Enobarbarus e qualquer outro coordinal dickens que eles fizessem, como diz o fumofo de seus papires e alfarrapos. Como se fosse essa a suma spiração deles! Como se pudessem se duiparar com a magnifiessência dela! Como se ela fosse ser o terceiro ex perto a perseguir tais persequestres! Ela tentou todos os artimimos e artimomos que os seus quatro ventos lhe haviam ensinado. Ela sacudiu seu cabelo sfumasteliácio como la princesse de la Petite Bretagne e arredondoou seus braços mignons como Mrs. Cornwallis-West e sobrerriu-se como a beleza da imagem da pose da filha da rainha do Imperador da Irlanda e suspirou-se como se houvesse nascido para casar-se com Tristis Tristior Tristissimus. Mas, doce madonina, ela bem podia ter carregado sua

have carried her daisy's worth to Florida. For the Mookse, a dogmad Accanite, were not amoosed and the Gripes, a dubliboused Catalick, wis pinefully obliviscent.

I see, she sighed. There are menner.

The siss of the whisp of the sigh of the softzing at the stir of the ver grose O arundo of a long one in midias reeds: and shades began to glidder along the banks, greepsing, greepsing, duusk unto duusk, and it was as glooming as gloaming could be in the waste of all peacable worlds. Metamnisia was allsoonome coloroform brune; citherior spiane an eaulande, innemorous and unnumerose. The Mookse had a sound eyes right but he could not all hear. The Gripes had light ears left yet he coud but ill see. He ceased. And he ceased, tung and trit, and it was neversoever so dusk of both of them. But still Moo thought on the deeps of the undths he would profoundth come the morrokse and still Gri feeled of the scripes he would escipe if by grice he had luck enoupes.

Oh, how it was duusk! From Vallee Maraia to Grasyaplaina, dormimust echo! Ah dew! Ah dew! It was so duusk that the tears of night began to fall, first by ones and twos, then by threes and fours, at last by fives and sixes of sevens, for the tired ones were wecking, as we weep now with them. O! O! O! Par la pluie!

Then there came down to the thither bank a woman of no appearance (I believe she was a Black with chills at her feet) and she gathered up his hoariness the Mookse motamourfully where he was spread and carried him away to her invisible dwelling, thats hights, Aquila Rapax, for he was the holy sacred solem and poshup spit of her boshop's apron. So you see the Mookse he had reason as I knew and you knew and he knew all along. And there came down to the hither bank a woman to all important (though they say that she was comely, spite the cold in her heed) and, for he was as like it as blow it to a hawker's hank, she plucked down the Gripes, torn panicky autotone, in angeu from his limb and cariad away its beotitubes with her to her unseen shieling, it is, De Rore Coeli. And so the poor Gripes got wrong; for that is always how a Gripes is, always was and always

nuvioleta para a Flórida. Pois o Romapose, um Accanita dogmaluco, não se romantizava, e o Uivos, um dublioblíquo Catoléptico, era empenosamente obliviscente.

Já sei, ela sexpirou. Eles são homenos.

O sus de um psiu do sussur de um suspiro ao susto de um gronde O ariundo de um só longo in midias res pirou pelos caniços: e as sombras começaram a desluzir pelas margens, obfuscando, ofuscando, luusco sobre fuusco, e era tão obscuro como escuro pode ser no deserto de todos os pacíveis mundiversos. Metamnísia estava devolta coloroformorena; citherior espiana uma eaulande, inemorosa e inumerosa. O Romapose tinha o olho direito intoctum mas não podia ouvir. O Uivos tinha ainda o ouvido esquerdo alerta mas mal podia ver. Ele cessou. E ele cessou, turdo e tumbo, e jamais foi tão fusco para ambos os dois. Mas ainda o Roma pensava sobre as profundidades das undidades que ele proporia vinda a manhãpose e ainda o Ui prelibava os certificavos que ele expediria até o último estertorvo.

Oh, como era fuusco! De Vale Maria a Graciaplaina, – dormimus eco! A deus! A deus! Era tão fusco que as lágrimas da noite começaram a cair, primeiro a umas e duas, depois às três e quatros, enfim aos cincos e seis de setes, pois as mais cansadas já acordavam e ora choramos com elas. O! O! O! Par la pluie!

Então chegou à margem de lá uma mulher de nenhuma aparência (creio que era uma Nogra com calosfrios nos pés) e juntou sua santiguidade o Romapose motamorfielmente onde ele estivera espalhatifado e o carregou para aquela invisível vivenda, nas alturas, Aquila Rapax, pois ele era o santo e sacro solem e supra cúspide do seu avental de bíspede. Veem vocês que o Romapose tinha razão como eu sabia e vocês sabiam e ele sabia todo o tempo. E chegou à margem de cá uma mulher onimponente (embora digam que ela era gentil, apesar do frio em sua frente) e quando ele estava perto de voar para o laço de um caçador, ela catou o Uivos, despedaçado panicamente autótono, anjino, por uma perna e cariegou seus beotitubos para aquela recôndita morada, De Rore Coeli. E eis como o pobre Uivos foi injustiçado, pois é assim que um Uivos é, sempre foi e será.

will be. And it was never so thoughtful of either of them. And there were left now an only elmtree and but a stone. Polled with pietrous, Sierre but saule. O! Yes! And Nuvoletta, a lass.

Then Nuvoleta reflected for the last time in her little long life and she made up all her myriads of driffing minds in one. She cancelled all her engauzements. She climbed over the bannistars; she gave a childy cloudy cry: Nuée Nuée! A lightdress fluttered. She was gone. And into the river that had been a stream (for a thousand of tears had gone eon her and come on her and she was stout and struck on dancing and her muddied name was Missisliffi) there fell a tear, a singult tear, the loveliest of all tears (I mean for those crylove fables fans who are 'keen' on the prettypretty commonface sort of thing you meet by hopeharrods) for it was a leaptear. But the river tripped on her by and by, lapping as though her heart was brook: Why, why, why! Weh, O weh! I' se so silly to be flowing but I no canna stay!

(*FW*, 157-159)

E nunca estiveram eles tão penserosos. E lá ficaram agora apenas um álamo e uma pedra. Paulatinamente pietrosos, Sierre mas saule. Ah! Sim! E Nuvoletta, amenina.

Então Nuvoletta refletiu pela última vez em sua leve e longa vida e minguou todas as suas miríades de pensaventos num só. Cancèulou todos os compromissos. Subiu pelos baluastros; gritou um núvil nominho ninfantil: Nuée! Nuée! Um tule onduleou. Ela passou. E dentro do rio que fora uma corrente (pois milhares de lágrimas tinham ido por ela e vindo por ela que era dada e doida pela dança e seu apelodo era Missisliffi) cai uma lágrima, minúltima lágrima, a mais leve de todas as lágrimas (falo para os fãs de fábulas de radiamor, lunávidos pelo ar vulgar de estrelas de celenovela), pois esta era a milágrima. Mas o rio escorregou lago por ela, sorvendo-a de um trago, como se mágua fosse água: Ora, ora, ora! Quem quer chora, quem não quer vai-se embora!

(*tradução de Augusto de Campos*)

7

The house O'Shea or O'Shame, Quivapieno, known as the Haunted Inkbottle, no number Brimstone Walk, Asia in Ireland, as it was infested with the raps, with his penname SHUT sepiascraped on the doorplate and a blind of black sailcloth over its wan phwinshogue, in which the soulcontracted son of the secret cell groped through life at the expense of the taxpayers, dejected into day and night with jesuit bark and bitter bite, calicohydrants of zolfor and scoppialamina by full and forty Queasisanos, every day in everyone's way more exceeding in violent abuse of self and others, was the worst, it is hoped, even in our western playboyish world for pure mousefarm filth. You brag of your brass castle or your tyled house in ballyfermont? Niggs, niggs and niggs again. For this was a stinksome inkenstink, quite puzzonal to the wrottel. Smatterafact, Angles aftanon browsing there thought not Edam reeked more rare. My wud! The warped flooring of the lair and soundconducting walls thereof, to say nothing of the uprights and imposts, were persianly literatured with burst loveletters, telltale stories, stickyback snaps, doubtful eggshells, bouchers, flints, borers, puffers, amygdaloid almonds, rindless raisins, alphybettyformed verbage, vivlical viasses, ompiter dictas, visus umbique, ahems and ahahs, imeffible tries at speech unasyllable, you owe mes, eyoldhyms, fluefoul smut, fallen lucifers, vestas which had served, showered ornaments, borrowed brogues, reversibles jackets, blackeye lenses, family jars, false-hair shirts, Godforsaken scapulars, neverworn breeches, cutthroat ties, counterfeit franks, best intentions, curried notes, upset latten tintacks, unused mill and stumpling stones, twisted quills, painful digests, magnifying wineglasses, solid objects cast at goblins, once current puns, quashed quotatoes, messes of mottage, unquestionable

7

A casa d'O'Shea ou (Vê!Xame!) O'Shame, Quivapieno, conhecida como o Tinteiro Assombradado, sem número, Beco do Enxofro, Ásia--d'Irlândia, toda infestada de rastos, com seu pseudonome fé! SHEM! garaturvado em sépia na placa da porta e uma perciliana de velame preto na frontospícia ogiva fusca, ali onde o rèubento almicontracto da célula secreta tactejou vida afora a expensas dos pagataxas, dejectado diasnoites a fio com aladrido jesuíta e sossofrida murdidura, hidrantes algodoendo de zulfur e scoppialamina por bem quarenta charlatânus, dia-a-dia em qualquerum modo mais excrescente em violento abuso de si próprio e dos outros, era a pior, espera-se, mesmo em nosso ocidantesco playboymundo em montúria de ratonegra lixúria. Você se jacta de um castelo de lata ou do tectículo de telha de seu rancho, na montanha? Nicas, nicas e nelhas a nesmo. Pois aquele era um intestinto fedornicho enzigmático, puzzando a bortel e a manuscroto. Endeveras, Arcanglos que lá baixaram em répida invistoria acordam que nem Edão no f'Éden baforava mais raro. Deusmeu! O baixoalho empernado do covil e as paredes espermeáveis ao som, para nada dizer de pilhares e cormijas, estavam persamente literaturados com rasgadas cartas-d'amor, coscoricos futricos, extantâneos de lambe-lambe, dubiosas cascas-d'ovo, bouchers, pederneiras, brocas, pitos, campândulas amigdaloides, passas peladas, verborragem alfabetiforme, briconceitos bíbricos, dictos obitosos, visos umbicosos, eis e ôis, himefáveis ensaios de discursos unissílabos, devehaveres, velh'himnos, pornofotos fluescentes, lucíferos tumbados, vertígios de velas gastras, ornamentos em chuveiro, solados de empréstimo, jaquetas reversíveis, lentes olhirroxas, quarrelas de família, camisas de fio fajuto, excrapulários deus-lembrados, calças nunca usadas, gravatas corta-pescoço, franquias francificadas,

issue papers, seedy ejaculations, limerick damns, crocodile tears, spilt ink, blasphematory spits, stale shestnuts, schoolgirl's, young ladies', milkmaids', washerwomen's, shopkeepers' wives, merry widows,' ex nuns', vice abbess's, pro virgins', super whores', silent sisters', Charleys' aunts', grandmothers', mothers'-in-laws, fostermothers', godmothers' garters, tress clippings from right, lift and cintrum, worms of snot, toothsome pickings, cans of Swiss condensed bilk, highbrow lotions, kisses from the antipodes, presents from pickpockets, borrowed plumes, relaxable handgrips, princess promises, lees of whine, deoxodised carbons convertible collars, diviliouker doffers, broken wafers, unloosed shoe latchets, crooked strait waistcoats, fresh horrors from Hades, globules of mercury, undeleted glete, glass eyes for an eye, gloss teeth for a tooth, war moans, special sighs, longsufferings of longstanding, ahs ohs ouissis jas jos gias neys thaws sos, yeses and yeses and yeses to which, if one has the stomach to add the breakages, upheavals distortions, inversions of all this chambermade music one stands, given a grain of goodwill, a fair chance of actually seeing the whirling dervish, Tumult son of Thunder, self exiled in upon his ego, a nightlong a shaking betwixtween white or reddr hawrors, noonday-terrorised to skin and bone by an ineluctable phantom (may the Shaper have mercery on him!) writing the mystery of himsel in furniture.

(*FW*, 182-184)

boas intenções, notas salgadas, reversas sintachas latrinas, inusitadas mós de moinho e pedras-no-caminho, penas tortas, digestos indigestos, vidros de aumento para vinho, corpos sólidos atirados aos duendes, trocadilhos já sem brilho, apatatadas cintações apaguadas, mesglas de melsagens, jornais de quãoprovada tiragem, ejaculações seminolentas, limericks do dianho, lágrimas de crocodilo, respingos de tinta, cuspos blasfematórios, joculatórias já rançosas, jarreteiras de meninotas, de senhoritas, de leiteiras, de lavadeiras, de patroas de lojistas, de viuvalegres, de ex-freiras, de vice-abadessas, de virgens de profissão, de arqui-rameiras, de sorores silentes, de tias do Carlitos, de vovós, de sogras, de madrastas, de madrinhas, mechas de tranças cortadas à destra, à sinistra e no cimo, vermes de muco, sobejos mordiscáveis, latas de dislate suíço contensado, superciliosas loções interlectuais, beijos dos antípodas, prêmios para punguistas, plumas emprestadas, apertos-de-mão molengos, promícias principesas, fezes de vinho d'uiva, papel carboináceo desoxidado, colarinhos conversíveis, ofertas e procuras d'orcasião, obreias rotas, não-soltos cordões de sapato, engruvinhadas camisas-de-força, recém-horrores do Hades, glóbulos mercuriais, indeléteis escorrimentos blenoléticos, monóculos d'olho-por-olho, glossoglosas porcelâneas de dente-por-dente, lamentos de guerra, suspirros especiários, longipenares de longipenantes, ahs ohs ouis sis jas jos gias ohnãos aguoras sins assins sinsins. Aosquais, se alguém tiver estômago para aditar as fraturas, soergueduras, distorções, inversões de toda essa artifeita câmeramúsica, esse alguém então, dado um dedo de boa-vontade, há de ter uma bela chance de ver de vista o dervixe remoinhante, Tumultus, filho do Trovão, autoexilado por alto recreio de seu ego, tremetremendo noitadentro noitafio entremixto aos aurrores branco-rubros, meiodiaterrado desde a pele ao osso por um fantasma inelutável (que o Fazedor tenha mercíades dele!) escrevendo o mimstério de sivendo no moviliário furnituro.

(tradução de Haroldo de Campos)

8

Sniffer of carrion, premature gravedigger, seeker of the nest of evil in the bosom of a good word, you, who sleep at our vigil and fast for our feast, you with your dislocated reason, have cutely foretold, a jophet in your own absence, by blind poring upon your many scalds and burns and blisters, impetiginous sore and pustules, by the auspices of that raven cloud, your shade, and by the auguries of rooks in parlament, death with every disaster, the dynamitisation of colleagues, the reducing of records to ashes, the levelling of all customs by blazes, the return of a lot of sweetempered gunpowdered didst unto dudst but it never stphruck your mudhead's obtundity (O hell, here, comes our funeral! O pest, I'll miss the post!) that the more carrots you chop, the more turnips you slit, the more murphies you peel, the more onions you cry over, the more bullbeef you butch, the more mutton you crackerhack, the more potherbs you pound, the fiercer the fire and the longer your spoon and the harder you gruel with more grease to your elbow the merrier fumes your new Irish stew.

(*FW*, 189-190)

8

Farejador de carniça, coveiro prematuro, perquiridor do ninho do mal no seio de uma boa palavra, tu, que dormes em nossa vigília e jejuas para nosso júbilo, tu, com tua razão desloucada, predisseste preciso, um jòfeta em tua própria ausência, cego ver tendo sobre tuas muitas escaldaduras, bolhas e queimaduras, purulentas úlceras e pústulas, pelos auspícios daquela nuvemcorvo, tua sombra, e pelos augúrios de um palramento de gralhas, morte com todos os desastres, a dinamitização de colegas, a redução de registros a cinzas, o arrasamento de todos os impostumes pelas chamas, o retorno de um monte de longânimes polverulentos feitos a fezes, mas nunca entrou em tua obtrusa cabaça de vento (Oh inferno, e-vem nosso enterro! Oh peste, perdi a posta!) que quanto mais cenouras rales, quanto mais nabos piques, quanto mais batatas peles, quanto mais alho no teu olho, quanto mais boi esfoles, quanto mais carneiro esmoas, quanto mais verdura esmagues, tanto mais lenha queima, mais longa tua concha, mais suor na tua sopa, mais fogo na tua roupa, com mais graxa e mais força, – mais fumega a tua bela panela irlandesa.

(*tradução de Haroldo de Campos*)

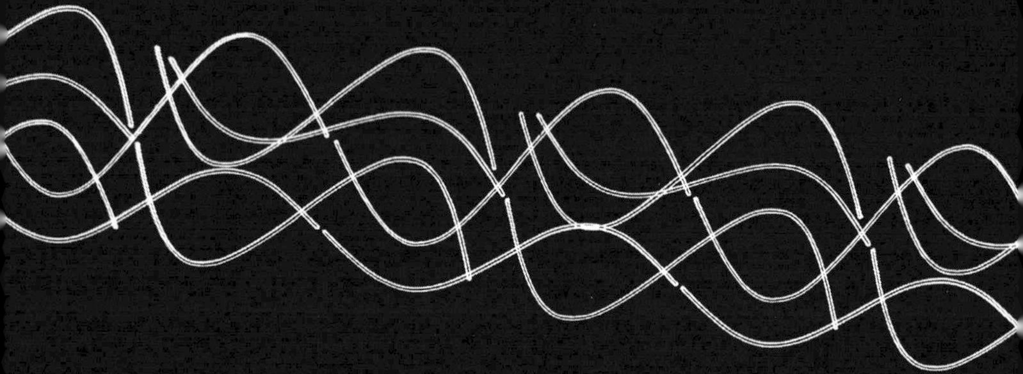

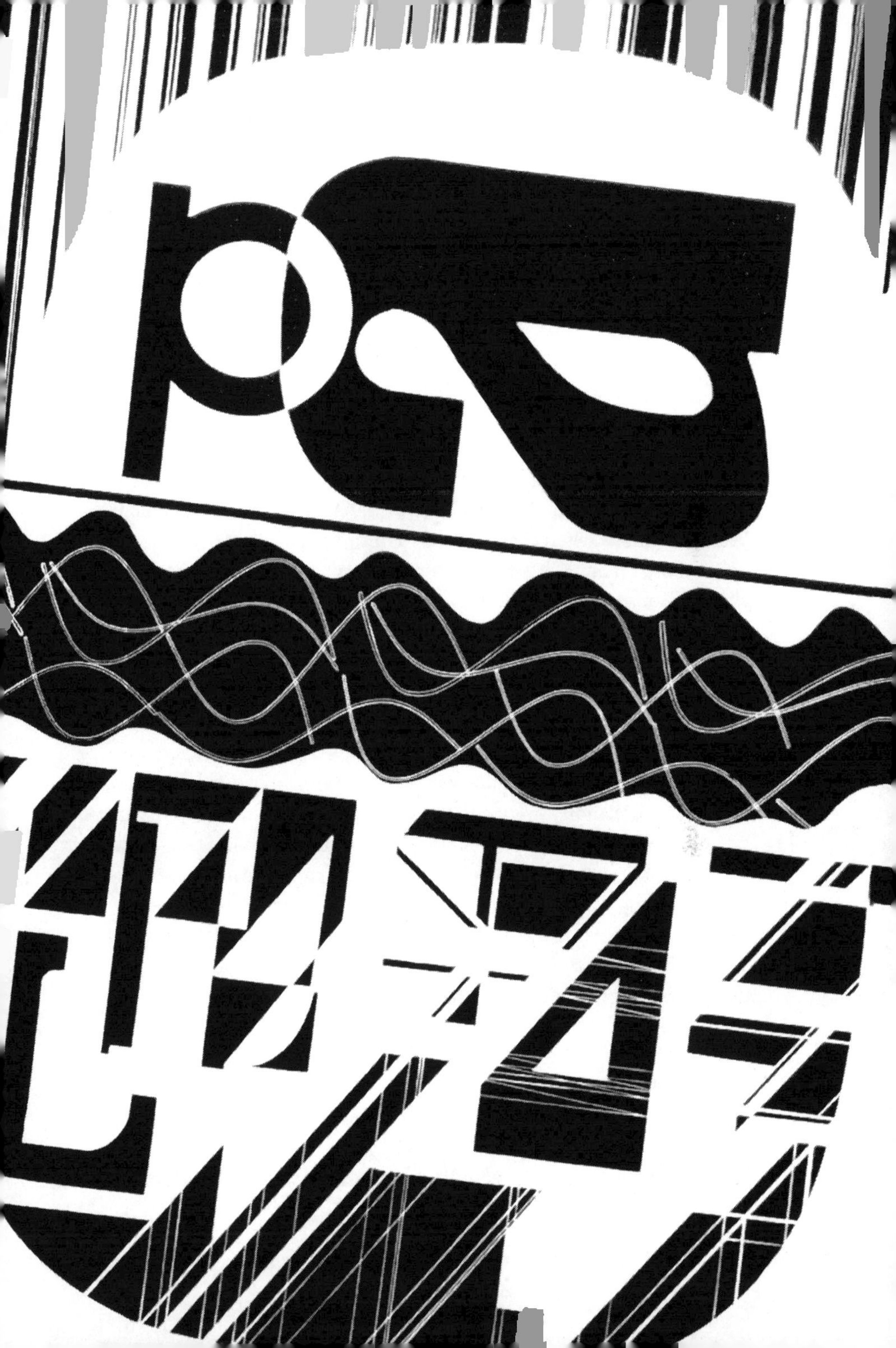

9

                    O
             tell me all about
         Anna Livia! I want to hear all
about Anna Livia. Well, you know Anna Livia? Yes, of course, we all
know Anna Livia. Tell me all. Tell me now. You'll die when you hear.
Well, you know, when the old cheb went futt and did what you know.
Yes, I know, go on. Wash quit and don't be dabbling. Tuck up your sleeves and loosen your talktapes. And don't butt me – hike! – when you
bend. Or whatever it was they threed to make out he thried to two in
the Fiendish park. He's an awful old reppe. Look at the shirt of him!
Look at the dirt of it! He has all my water black on me. And it steeping
and stuping since this time last wik. How many goes is it I wonder
I washed it? I know by heart the places he likes to saale, duddurty
devil! Scorching my hand and starving my famine to make his private
linen public. Wallop it well with your battle and clean it. My wrists are
wrusty rubbing the mouldaw stains. And the dneepers of wet and the
gangres of sin in it! What was it he did a tail at all on Animal Sendai?
And how long was he under loch and neagh? It was put in the newses
what he did, nicies and priers, the King fierceas Humphrey, with illy-
sus distilling, exploits and all. But toms will till. I know he well. Temp
untamed will hist for no man. As you spring so shall you neap. O, the
roughty old rappe! Minxing marrage and making loof. Reeve Gootch
was right and Reeve Drughad was sinistrous! And the cut of him! And
the strut of him! How he used to hold his head as high as a howeth, the
famous eld duke alien, with a hump of grandeur on him like a walking
wiesel rat. And his derry's own drawl and his corksown blather and
his doubling stutter and his gullaway swank. Ask Lictor Hackett or

9

Ah
fala-me de
Ana Lívia! Quero ouvir tudo
sobre Ana Lívia! Bem, você conhece Ana Lívia? Mas claro, todo
mundo. Fala-me tudo, Quero ouvir já. É de matar. Ora, você sabe,
quando aquele maliandro cricou e fez o que você sabe. Sim, eu sei,
e daí? Lavanha com calma e não saalpica a gente. Leventa as mangas
e solta a língua. E para – ai! – de bater em mim quando se abbaixa
anágua. O que djiabo foi que trentaram duescobrir que ele tresandou
fazendo no parque de Duendix. O grande banndalho! A camisa sua,
veja! A lama que ela deixa! Toda a água está preta. É molhar e malhar a
sommana inteira. Já lavei tanto que perdi a conta. Sei de cor os lugares
que ele costruma emporcoalhar, s'sujeito sujo! E eu estupiando a mão
e estapeando a minha fome pra tomar pública a sua roupa íntima. Bate
bem com a batalhavadeira e lempa depois. Meus pulsos emperrujam
de tanto esfregar mellégues de lodon. Que dniepers de umidade e que
gangerenas de pecado! O que foi que ele aprontou na Semana Sendai?
E quanto tempisque esteve sob fecho e piave? Saíu nas manchotes o
que ele fez, farras e porres, o fieroz Rei Humphrey com illisitas libi-
dações, turras e tudo. Os tombos dirão. Conheço a peça. Tempo sem
tampa, gente que aguente. Quem semenieia trampos colhe tramores.
Ah, o velhaco violador! Esbodegando bodas e traçando todas. A Riba
Coxa era direita e a Riba Drogueta era sinistra! E a pompa dele! E a
trompa dele! Como ele elaverava o capoche tão alto quanto Howth,
o celébrio arcaduque, com uma giba de grandeur tal um rato urinoco.
E o derrengue do seu dengo e os corkorvos do seu papo e o bláblá de
dubli-sense e o gluglu de galovelho. Pergunta a Lictor Hackert ou a

Lector Reade of Garda Growley or the Boy with the Billyclub. How elster is he a called at all? Qu'appelle? Huges Caput Earlyfouler. Or where was he born or how was he found? Urgothland, Tvistown on the Kattekat? New Hunshire, Concord on the Merrimake? Who blocksmitt her saft anvil or yelled lep to her pail? Was her banns never loosened in Adam and Eve's or were him and her but captain spliced? For mine ether duck I thee drake. And by my wildgaze I thee gander. Flowey and Mount on the brink of time makes wishes and fears for a happy isthmass. She can show all her lines, with love, license to play. And if they don't remarry that hook and eye may. O, passmore that and oxus another! Don Dom Dombdomb and his wee follyo! Was his help inshored in the Stork and Pelican against bungelars, flu and third risk parties? I heard he dug good tin with his doll, delvan first and duvlin after, when he raped her home, Sabrine asthore, in a parakeet's cage, by dredgerous lands and devíous delts, playing catched and mythed with the gleam of her shadda, (if a flic had been there to pop up and pepper him!) past auld min's manse and Maisons Allfou and the rest of incurables and the last of immurables, the quaggy waag for stumbling. Who sold you that jackalantern's tale? Pemmican's pasty pie! Not a grasshoop to ring her, not an antsgrain of ore. In a gabbard he barqued it, the boat of life, from the harbourless Ivernikan Okean, till he spied the loom of his landall and he loosed two croakers from under his tilt, the gran Phenician rover. By the smell of her kelp they made the pigeonhouse. Like fun they did! But where was Himself, the timoneer? That marchantman he suivied their scuttles right over the wash, his cameleer's burnous breezing up on him, till with his runagate bowmpriss he roade and borst her bar. Pilcomayo! Suchcaughtawan! And the whale's away with the grayling! Tune your pipes and fall ahumming, you born ijypt, and you're no thing short of one! Well, ptellomey soon, and curb your escumo. When they saw him shoot swift up her sheba sheath, like any gay lord salomon, her bulls they were ruhring, surfed with spree. Boyarka buah! Boyana bueh! He erned his lille Bunbath hard, our staly bred, the trader. He did. Look at here. In this wet of his prow. Don't you know he was kaldt

Lector Lido de Garda Growley ou ao Boy de Bilharclube. Que outros caprelídeos ele tinha? Qu'appelle? Hugh Caput Estupricio. Ou onde nasceu e caconde o encontraram? UrgothIand, Tvistown no Kattekat? New Hunshíre, Concord no Merrimake? Quem ferrou-lhe a umbighorna ou ansebou-lhe o vaso? Houve proclamas de Eva e Adão ou casanagem no camburão? Por minha lebre vontade eu te acoelho. E por este contrapato eu te alganso. Coriza e Monte em cima da nora fazem volgas e voltas de ano noivo. Ela pode mostrar suas tartas de amor, nênia concessa. E se eles não recasam nós não recusamos. Oh, passamais essa e amíssa outra ommessa! Don Dom Domdumbo e sua folioucura. Tinha seguro de palude na Stork & Pelican contra finistros, lavadrões e terciários? Soube que ele fez das boas com a sua boneca, debolando primeiro e dubolinando depois, quando ele a arraptou de casa, Sabrina diabutante, numa gaiola de periquíta, por sivales draguentos e deltas deviantes, jogando cobra-pega com os tones da sambra dela, (ah se um stira pintasse pra lhe dar uma boa tunga!) nos confinos do ajudas e das Maisons Affou e o resto dos incuráveis e o rasto dos emuráveis, marnel manero pra provoricar. Quem te contou esse conto do sicário? Pasta de passoca passada! Nem cigarra que a difume nem formigalha que a difome! Numa chatalupa ele embarcoou, botel da vida, do Okeano lvernikal desancorado, até avistar o invulto da sua terterra e ele soltou dois caribus de sob a sua vela, o gran naviajante Phenício. Pelo odor da sua analga eles chegaram aos mijares. Só de sarre! Mas onde estava Ele, o temoneiro? Esse mercaçador purseguiu seus raboques através da lixívia, o malbornós de camélio brisando em sua ohrelha, até que sua proa renegasta encolhou e caíu no colovill dela. Pylcomayo! Santacanagem! E o cachadote se mandou com a lambarina. Apure macs as trompas e pare de murmurrrir, sua igiptiota nata! Bem, desembruxa logo e sossegra teu eskumo. Cuando o sviram partir pra sua sabaneta, como um réu Salimão, os bolinaos ruhrlaram quágua na bocqa. Boyarka buah! Boyana bueh! Ele pagou kara sua Karakoroa, nosso caranhão, o mascatonto. Se pagou! Speya aqui. O salor da sua tista. Você não sabe que ele foi chamado de Mamamarujo, o filho da marola? Havemmarea, sei sim. HCE tem um olho de

a bairn of the brine, Wasserbourne the waterbaby? Havemmarea, so he was. H.C.E. has a codfisck ee. Shyr she's nearly as badher as him herself. Who? Anna Livia? Ay, Anna Livia. Do you know she was calling bakvandets sals from all around, nyumba noo, chamba choo, to go in till him, her erring cheef, and tickle the pontiff aisy-oisy? She was? Gota pot! Yssel that the limmat! As El Negro winced when he wonced in La Plate. O, tell me all I want to hear, how loft she was lift a laddery dextro! A coneywink after the bunting fell. Letting on she didn't care, sina feza, me absantee, him man in passessíon, the proxenete! Proxenete and phwhat is phthat? Emme for your reussischer Honddujarkon! Tell us in franca langua. And call a spate a spate. Did they never sharee you ebro at skol, you antiabecedarian? It's just the same as if I was to go par examplum. now in conservancy's cause out of telekinesis and proxenete you. For coxyt sake and is that what she is? Botlettle I thought she'd act that loa. Didn't you spot her in her windaug, wubbling up on an osiery chair, with a meusic before her all cunniform letters, pretending to ribble a reedy derg on a fiddle she bogans without a band on? Sure she can't fiddan a dee, with bow or abandon! Sure, she cant! Tista suck. Well, I never now heard the like of that! Tell me moher. Tell me moatst.

(*FW*, 196/198)

roubalo. Então ela era tão moluca quanto ele. Quem? Ana Lívia? Sim, Ana Lívia. Sabe que ela transandou com tudo quanto é salso, nyumba nu chamba chu, pra ir atrás dele, seu patrão patrusco, e tiltilar o sumo patífice no betsiboca? Ela foi? Issel é o finn! Você limmata! Como El Negro piscou quando pescou em La Plata. Ah, fala-me tudo o que eu quero saber, que gingangas que ela fez na laddera dextra! Uma só kapiska dela com o pano a meio pau. Fingindo que não sabia, sina feza, eu absante, ele o capetão, o proxeneta. Proxeneta, cúspite! Calabre o teu russardo jarkão hondurenho! Fala~nos em longua franca. E dá o nome aos boys. Nunca te ennsinaram o ebro na skóllia, sua antiabecedária? É o mesmo que se por exemplum uma conservotária como eu usasse telekinese pra te cafetinar. Putifaria! É isso que ela ê? Eu não suckspeitava que ela fosse tão loonge. Você não a pegou na socada balomboleando no sofalá, com uma mósica diante dela em letras cuniliformes, fingindo tocar uma sanfonia num violambayeque que ela dindilhava sem um bandôneo? Se ela não sabe tocuyar uma só salza, com arque ou bandona! Nerusca de nada! Pífia pifarofa! Nunca ouvi nadym igual. Fala miúdo. Fala-me tudo.

(tradução de Augusto de Campos)

10

Tell me, tell me, how cam she camlin through all her fellows, the neckar she was, the diveline? Casting her perils before our swains from Fonte-in-Monte to Tidingtown and from Tidingtown tilhavet. Linking one and knocking the next, tapting a flank and tipting a jutty and palling in and pietaring out and clyding by on her eastway. Waiwhou was the first thurever burst? Someone he was, whuebra they were, in a tactic attack or in single combat. Tinker, tilar, souldrer, salor, Pieman Peace or Polistaman. That's the thing I'm elwys on edge to esk. Push up and push vardar and come to uphill headquarters! Was it waterlows year, after Grattan or Flood, or when maids were in Arc or when three stood hosting? Fidaris will find where the Doubt arises like Nieman from Nirgends found the Nihil. Worry you sighin foh, Albern, O Anser? Untie the gemman's fistiknots, Qvic and Nuancee! She can't put her hand on him for the moment. Tez thelon langlo, walking weary! Such a loon waybashwards to row! She sid herself she hardly knows whuon the annals her graveller was, a dynast of Leinster, a wolf of the sea, or what he did or how blyth she played or how, when, why, where and who offon he jumpnad her and how it was gave her away. She was just a young thin pale soft shy slim slip of a thing then, sauntering, by silvamoonlake and he was a heavy trudging lurching lieabroad of a Curraghman, making his hay for whose sun to shine on, as tough as the oaktrees (peats be with them!) used to rustle that time down by the dykes of killing Kildare, for forstfellfoss with a plash across her. She thought she's sankh neathe the ground with nymphant shame when he gave her the tigris eye! O happy fault! Me wish it was he! You're wrong there, corribly wrong! Tisn't only tonight you're anacheronistic! It

10

Fala-me, fala-me, cam é que ela veio vedeando de dendre a sua gente, o neckar que ela era, a diabolina? Jogando perícolas para nossos pórocos de Fonte-in-Monte a Tidingtown e de Tidingtown maranoa? Xinguando um, tengtando outro, taptinhando um fianco e tocantando um canto e tangararelando e paquequerando e pantanarriachando rumo do seu leste. Quiangque foi o primo que aarrombou? Allegueny ele era, comoequer que eles fossem, em tático ataque ou singulo combate. Lanhador, finnileiro, soladado, porceiro, Pietaret ou Paolicial. Isso é o que eu sempre kiso saber. Ufa proalto upa pradiante moaisperto dacá! Foi no ano de waterlouco, pós Grattan ou Flood, ou quando as joaninhas eram d'Arca ou quando os três ficaram doispiando? Fidaris vai achar quando a Dúvida avocar como Nieman de Nirgends achou o Nihilo. Por quem cuspiras, Alberna, qvistórias? Solta as algêrneas do mentil-homem. Qvic e Nuancee! Ela não pode agarrá-lo agora. É um milongo caminho, crossta-me river! Caminho tão lulongo pra retrorremar! Ela diz que dificilmente saberia quem nos annais seu desviolador foi, um dinasta de Leinster, um lobo do mar, ou o que ele fez ou quão joviosa ela anamorava ou cuanzo, cuango, cuao, onde ou quem vez que vez ele a mannuseou ou como foi que ela foi bighodeada. Ela era só uma tímida tênue fina meiga mini mima miga duma coisinha então, saltiritando, por silvalunágua, e ele era um bruto andarulho larábil ferramundo dum Curraghman, cortando o seu feno para o sol cair a pino, tão rijo como os corvalhos (deus os preteje!) costumavam ruhuhuflar pelos canais do fortífero Kildare, o que primeiro florestfossenfiou champinhando através dela. Ela pensou que ia shkumbir subterra de ninfante virgonha quando ele lhe botou o olho de tigris! Ó félix falta! O xará fosse ele! Você tá

was ages behind that when nullahs were nowhere, in county Wickenlow, garden of Erin, before she ever dreamt she'd lave Kilbride and go foaming under Horsepass bridge, with the great southerwestern windstorming her traces and the midland's grainwaster asarch for her track, to wend her ways byandby, robecca or worse, to spin and to grind, to swab and to thrash, for all her golden lifey in the barleyfields and pennylotts of Humphrey's fordofhurdlestown and lie with a landleaper, wellingtonorseher. Alesse, the lagos of girly days! For the dove of the dunas! Wasut? Izod? Are you sarthin suir? Not where the Finn fits into the Mourne, not where the Nore takes lieve of Bloem, not where the Braye diverts the Farer, not where the Moy changez her minds twixt Cullin and Conn tween Cunn and Collin? Or where Neptune sculled and Tritonville rowed and leandros three bumped heroines two? Neya, narev, nen, nonni, nos! Then whereabouts in Ow and Ovoca? Was it yst with wyst or Lucan Yokan or where the hand of man has never set foot? Dell me where, the fairy ferse time! I will if you listen. You know the dinkel dale of Luggelaw? Well, there once dwelt a local heremite, Michael Arklow was his riverend name, (with many a sigh I aspersed his lavabibs!) and one venersderg in junojuly, oso sweet and so cool and so limber she looked, Nance the Nixie, Nanon L'Escaut, in the silence, of the sycomores, all listening, the kindling curves you simply can't stop feeling, he plunged both of his newly anointed hands, the core of his cushlas, in her singimari saffron strumans of hair, parting them and soothing her and mingling it, that was deep-dark and ample like this red bog at sundown. By that Vale Vowclose's lucydlac the reignbeaus heavenarches arronged orranged her. Afrothdizzying galbs, her enamelled eyes indergoading him on to the vierge violetian. Wish a wish! Why a why? Mavro! Letty Lerck's lafing light throw those laurels now on her daphdaph teasesong petrock. Maass! But the majik wavus has elfun arion meshes. And Simba the Slayer of his Oga is slewd. He cuddle not help himself, thurso that hot on him, he had to forget the monk in the man so, rubbing her up and smoothing her down, he baised his lippes in smiling mood, kiss

errada aqui, corribelmente errada! Não é de hoje que você é anaquerônica! Foi eras antes dessa hora, quando nullas eram nenhures, no condado de Wickenlow, jardim de Erin, antes que ela sequer sonhasse em enlavar Kílbride e andar espumejando sob a ponte de Horsepass com o vento sudoreste tempestennando em suas tranças e os granizaros centrais traçando sua trilha pra desviar suas vias, robecca ou pior, pra fiar e afiar, pra socar e sovar, por toda a sua juvenilivia dourada, nos camposdecevada e pennylotes, de vausdevaldevila e deitar com um landarilho welligtonitrotante. Alesse, os lagos dos dias de meninícia! Pelo amur das dunas! Vês isto? Izonde? Jura que assegura? Não onde o Finn finda no Mourne, nem onde o Nore dá adeus ao Bloem, nem onde o Braye divarte o Viajor, nem onde Moy desveia os desvaneios entre Cullin e Conn ou Cunn e Collin? Ou onde Netuno remou e Tritonville tremou e leandros três estroparam gâmbias as heroínas? Neya, narev, nen, nonni, nos. Então por onde em Ow e Ovoca? Foi no oelster que ysthviste ou Lucan Yokan ou onde a mão do homem jamais pôs o pé? Vala-me onde, a verdedeira primavera vez! Eu falho quando você não gralha. Você conhece o viuvale de Luggelaw? Bem, aí outrora imorava um heremítico local, Michael Arklow era o seu nome riverendo, (com mais de um suspirro eu aspersei seus lavábios!) e uma sexafeira em junojulho ahquão doce aguán fresca ahquam grácil ela ia. Nuance, a Nuagua, Nanon L'Escaut, no silêncio, dos sicamores, toda-ouvidos, as curvas insinuosas que não dá pra sexquivar, ele mergulhou bambas as mãos recém-ungidas, até o imo dos seus prepulsos nas singumares açafrondosas mateixas do cabelo dela, repartindo-as, aliviando-a e estrelaçando-o, lustrofusco e basto como este charco ruivolto no solposto. Pelo lucilago desse vale Vauclose, os arcocéus do alto-íris loiranje alarronejaram-na. Galbas afrondisíacas, os olhos tresmaltados dela indigozindo-o à virgem violetação. Quer me quer! Que mel faz? Mavro! Que a luz lúdica de Lerck lance lauras sobre suas dafdafnes beliscanções pra papatricar. Maaiss! Pois a luluonda màjika elfim ardila suas meshas. E Simba o Safassino do seu Ogo foi pro breijo. Ele não suorportou o calderor, abracedento, escondeceu o homonge no homem, esfregando-a pra cima e resfrescando-a pra

akiss after kisokushk (as he warned her niver to, niver to, nevar) on
Anna-na-Poghue's of the freckled forehead.

(*FW*, 202-204)

baixo, e embicou seus lábios com rissonhos ares, beijo após bisbeijo (como ele a avisou para niver de nevarnore, nuncamais) em Anna na Poghue de sardente açafronte.

(*tradução de Augusto de Campos*)

11

O, wasn't he the bold priest? And wasn't she the naughty Livvy? Nautic Naama's now her navn. Two lads in scoutsch breeches went through her before that, Barefoot Burn and Wallowme Wade, Lugnaquillia's noblesse pickts, before she had a hint of a hair at her fanny to hide or a bossom to tempt a birch canoeciler not to mention a bulgie porterhouse barge. And ere that again, leada, laída, all unraidy, too faint to buoy the fairiest rider, too frail to flirt with a cygnet's plume, she was licked by a hound, Chirripa-Chirruta, while poing her pee, pure and simple, on the spur of the hill in old Kippure, in birdsong and shearingtime, but first of all, worst of all, the wiggly livvly, she sideslipped out by a gap in the Devil's glen while Sally her nurse was sound asleep in a sloot and, feefee fiefie, fell over a spillway before she found her stride and lay and wriggled in all the stagnant black pools of rainy under a fallow coo and she laughed innocefree with her limbs aloft and a whole drove of maiden hawthorns blushing and looking askance upon her.

(*FW*, 204)

11

Oh! Não era ele o pravo padre? E ela não era a liviana Lívia? Náutica Naudama, eis seu novio navinome. Dois marmarujos em culotes escotceses antes disso já a tinham transvarado, Riachão Pé-no-Chão e Vencevau Vasalama, nobílimos picadores de Lunhácquila, antes que ela pubescesse um só pelo de cabelo para encobrir suas fofunduras ou apojasse um colo de seio para tentear um bucanoeiro feruleiro, sem falar duma abarcante barcasa aporta-cerveja. E ainda d'antes disso, ledaída, toda intacteada, muito frágil para ser galgada pelo fidalgo mais galante, muito flébil para flertejar com uma plúmula de cisnúnculo, ela fora cunilambida por um cão lampeiro, Chipita-Chichupa, enquanto fazia xixi, pura e singela, na ourela do pico do velho Kimpurra, ao tempo do pipilar d'aves e do tosquejar d'ovinos; mas prior de tudo, pior de tudo, livívida colubrinante, ela deslizara de banda, pra fora de um furo na Despenha do Demo, enquanto sua mucama, Sally Guapa, estava ferrada no sômnio numa racha de rego e, fiufiu fiaufiau, ela se pinchou sobre um escorredouro, avantes de acertar seu passo e relaxou e retorceu em todas as estagnantes poças pretejantes d'água-de-plúvia, por baixo duma vaca dormente numa terra de pousio, e ela se ria, lívrea, livrinocente, braços-ao-alto, em meio a um arrebanho de virgíneas espinheiras floralvas e rubescentes violetras escarlates, que a riolhavam a vesg'olhos.

(tradução de Haroldo de Campos)

12

First she let her hair fal and down it flussed to her feet its teviots winding coils. Then, mothernaked, she sampood herself with galawater and fraguant pistania mud, wupper and lauar, from crown to sole. Next she greesed the groove of her keel, warthes and wears and mole and itcher, with antifouling butterscatch and turfentide and serpenthyme and with leafmould she ushered round prunella isles and eslats dun, quincecunct, allover her little mary. Peeld gold of waxwork her jellybelly and her grains of incense anguille bronze. And after that she wove a garland for her hair. She pleated it. She plaited it. Of meadowgrass and riverflags, the bulrush and waterweed, and of fallen griefs of weeping willow. Then she made her bracelets and her anklets and her armlets and a jetty amulet for necklace of clicking cobbles and pattering pebbles and rumbledown rubble, richmond and rehr, of Irish rhunerhinerstones and shellmarble bangles. That done, a dawk of smut to her airy ey, Annushka Lutetiavitch Pufflovah, and the lellipos cream to her lippeleens and the pick of the paintbox for her pommettes, from strawberry reds to extra violates, and she sendred her boudeloire maids to His Affluence, Ciliegia Grande and Kirschie Real, the two chirsines, with respecks from his missus, seepy and sewery, and a request might she passe of him for a minnikin. A call to pay and light a taper, in Brie-on-Arrosa, back in a sprizzling. The cock striking mine, the stalls bridely sign, there's Zambosy waiting for me! She said she wouldn't be half her length away. Then, then, as soon as the lump his back was turned, with her mealiabag slang over her shoulder, Anna Livia, oysterface, forth of her bassein came.

(*FW*, 206-207)

12

Primeiro ela deixou seu cabelo fluir e ele caiu em fiússeres até suas plantas, com treviotes de cachos lassos. Então, madrenua, ela ensampunou-se com galágua e frauguante saargila pistâneha, wuppersupra e lauarbaixo, da coroa-do-coruto à sola-do-pé. Logo orleou, junquilha, o rego do seu lordo, veslugas e anvézeres e molhes e nítcheos, com mantersa antifuligem e turfontana e serpentimo e com folhifofos pulveruschou prunínsulas e braunilhas, derredouro, por tudo, atéjo a quincuncona maricocota. Escamândulas ouro-cera seu ventre galantíneo e grânulos d'incenso bronze-enguia. Depois teceu uma guirlândea para suas madreixas. Tramou-a. Trançou-a. De campigramas e riachirrelvas, de barbustos e algáguas, de folhamingues folhames de chorões. E fez então seus bracelotes e tornozeletes e abraçadeiras e um amorleto azevicho para o colário de seixos trêfegos e teixos travessos e rhinbombantes rocas rolantes, richmondanos ruhrbis raros, irlândeas runas renanorrócheas com perlas madripédreas. Istoposto, uma tísnea de bíster ao seu eu olhiedéreo, Annushka Lutetiavitch Pufflovah, e um creme líppislábil para os seus belfilábios, o fino do pincéu para os seus rosipômulos, dos rouges amourora aos extra violádeos, e ei-la que envia suas gaias de boudeloire a Sua Afluência – Cieregia Grande e Kirschie Régia, as duas tremoselles, – com resbeijos da ama Mrs. Sépia, lamor e loudor, e uma peitição: pudesse ela despachar-se dele por um mininminuto. Uma chamada a dar, e acender uma vela, em Arrozoy-no-Brie, vou-e-volto num ártimo. O riológio tocantina a hora falídica, as estralas noivantes lucefecem, tem um Zé zambezando à minha espera. Ela diz-que não vai nem meio de seu longe. Então, então, assim que o gibante deu de lombos, ela, num relampo, com sua malalodagem a viracolo, Ana Lívia, ostrirostro, exsurge de sua baixia.

(*tradução de Haroldo de Campos*)

13

Well, you know or don't you kennet or haven't I told you every telling has a taling and that's the he and the she of it. Look, look, the dusk is growing! My branches lofty are taking root. And my cold chers gone ashley. Fieluhr? Filou! What age is at? It saon is late. Tis endless now senne eye or erewone last saw Waterhouse's clogh. They took it asunder, I hurd them sigh. When will they reassemble it? O, my back, my back, my bach! I'd want to go to Aches-les-Pains. Pingpong! There's the Belle for Sexaloitez! And Concepta de Send-us-pray! Pang! Wring out the clothes! Wring in the dew! Godavari, vert the showers! And grant thaya grace! Aman. Will we spread them here now? Ay, we will. Flip! Spread on your bank and I'll spread mine on mine. Flep! It's what I'm doing. Spread! It's churning chill. Der went is rising! I'll lay a few stones on the hostel sheets. A man and his bride embraced between them. Else I'd have sprinkled and folded them only. And I'll tie my butcher's apron here. It's suety yet. The strollers will pass it by. Six shifts, ten kerchiefs, nine to hold to the fire and this for the code, the convent napkins, twelve, one babys shawl. Good mother Jossiph knows, she said. Whose head? Mutter snores? Deataceas! Wharnow are all her childer, say? In kingdome gone or power to come or gloria to be to them farther? Allalivial, allaluvial! Some here, more no more, more again lost alla stranger. I've heard tell that same brooch of the Shannons was married into a family in Spain. And all the Dunders de Dunnes in Markland's Vineland beyond Brendan's herring pool takes number nine in yangsee's hats. And one of Biddy's heads went bobbing till she rounded up lost histereve with a marigold and a cobbler's candle in a side strain of a main drain of a manzinahurries off Bachelor's Walk. But all that's left to the last of the Meaghers in the loup of

13

Bem, você sabe ou não persabe e eu já não lhe disse que todo conto tem um ponto e este é o evo e a eva dele. Olhe, olhe, a treva cresce! Meus alptos galhos ganham raiz. E meu colorado rivirou pó. Fielhur? Filou! Que eras saon? Bem seda é tarde. E ora é semfim desde a última sena em que uma ou otra viu o riológio de Waterhouse. Ficou em pedaços, eu ouvi marmurar. Quando vão remembrá-lo? ó meu achaque, meu baque, meu bach! Eu quero ir pra Tremas de Araxaque. Pingpong! Si no é a Belle de Sexaleitos! E Concepta de Suspiritissanto! Pang! Torce a trouxa! Ordenha o orvalho! Godavari, averte as enchuvas! E enguia-nos para o bem! Hommém! É pra espalhar aqui, já? É, sim. Flip! Espalha em tua margem que eu espalho na minha. Flep! É o que eu estou fazendo. Espalha! Que friossom de friume! Ovento volta. Vou pôr uns colhaus nos lencóis do hospitel. Um homem e sua noifa abraçados dentro. Ou era só berrifar e dobradar. Vou pôr o avental de megerefe aqui. Está suorrado ainda. Pros impassantes não pissarem. Seis lanços, dez penos de pó, nove pra lareira e um pra esfriagem, os guardapanos do corrivento, doze, um bababadouro. Comadre do céu, que Josefofoca, ela é quem diz! Que nariz? Mexericórdia! Deatáceas! Ondeandam agora todos os seus falhos, diga? Em reino findo ou poder porvir ou gloria para o expátrio? Allalivial, allaluvial! Um aqui, meno ou mais, mais demais desperdidos alia estranja. Ouvi dizer que um gramo dos Shannons se cassou num clã da Espinha. E todos os Dunders de Dunnes na Vinolandia de Marklândia de onde o marenque de Brendan leva o número nove nos cachapéus do yanquetze. E uma das pérolas de Biddy veio rolando ate que errou de histérea com um malmequer e um coto de velo num valo lateral de uma funda vala de um mercancenário de Bachelor's Walk. Mas tudo o

the years prefixed and between is one kneebuckle and two hooks in the front. Do you tell me that now? I do in troth. Orara por Orbe and poor Las Animas! Ussa, Ulla, we're umbas all! Mezha, didn't you hear it a deluge of times, ufer and ufer, respund to spond? You deed, you deed! I need, I need! It's that irrawaddyng I've stoke in my aars. It all but husheth the lethest zswound. Oronoko! What's your trouble? Is that the great Finnleader himself in his joakimono on his statue riding the high horse there forehengist? Father of Otters, it is himself! Yonne there! Isset that? On Fallareen Common? You're thinking of Astley's Amphitheayter where the bobby restrained you making sugarstuck pouts to the ghostwhite horse of the Peppers.

(*FW*, 213/214)

que resta ao último dos Meaghers no lupo dos anos prefixados e intercalos é um colombo no joelho e dois galeys na testa. Você me diz isso agora? Volgo em dizer. Orara por Orbe e pur las Animas! Ussa, Ulla, tudo é umba! Mezha, você não ouviu um dilúvio de vezes, ufa que ufer, responde a esconde? Ouviu! Ouviu! Eu vi! Eu vi! É este irrawádio que eu stokei na minha aarelha. Somme com o mais semínimo zsombido. Oronoko! Qual é o problemba? Será o grande Finnlider opróprio com seu joaquimono em sua esfátua escalante no cohorsel and ando afrehengste? Pai das pilontras, é uele mesmer! Yonnde? Isset jataí? Em Fallareen Common? Você está imarginando o Anfiteatrato de Astley onde o tira te imprendeu de fazer açucaretas pro cavalvo ofantasmático dos Peppers.

(*tradução de Augusto de Campos*)

14

Throw the cobwebs from your eyes, woman, and spread your washing proper! It's well I know your sort of slop. Flap! Ireland sober is Ireland stiff. Lord help you, Maria, full of grease, the load is with me! Your prayers. I sonht zo! Madammangut! Were you lifting your elbow, tell us, glazy cheeks, in Conway's Carrigacurra canteen? Was I what, hobbledyhips? Flop! Your rere gait's creakorheuman bitts your butts disagrees. Amn't I up since the damp dawn, marthared mary allacook, with Corrigan's pulse and varicoarse veins, my pramaxle smashed, Alice Jane in decline and my oneeyed mongrel twice run over, soaking and bleaching boiler rags, and sweating cold, a widow like me, for to deck my tennis champion son, the laundryman with the lavandier flannels? You won your limpopo limp fron the husky hussars when Collars and Cuffs was heir to the town and your slur gave the stink to Carlow. Holy Scamander, I sar it again! Near the golden falls. Icis on us! Seints of light! Zezere! Subdue your noise, you hamble creature! What is it but a blackburry growth or the dwyergray ass them four old codgers owns. Are you meanam Tarpey and Lyons and Gregory? I meyne now, thank all, the four of them, and the roar of them, that draves that stray in the mist and old Johnny MacDougal along with them. Is that the Poolbeg flasher beyant, pharphar, or a fireboat coasting nyar the Kishtna or a glow I behold within a hedge or my Garry come back from the Indes? Wait till the honeying of the lune, love! Die eve, little eve, die! We see that wonder in your eye. Well meet again, we'll part once more. The spot I'll seek if the hour you'll find. My chart shines high where the blue milk's upset. Forgivemequik, I'm going! Bubye! And you, pluck your watch, forgetmenot. Your evenlode. So save to jurna's end! My sights are swimming thicker

14

Tira as teias dos teus olhos, mulher, e vê se enxolhavas certo. Ainda bem que eu conheço o teu jeito de exingar. Flap! Irlanda sóbria é Irlanda salobra. Lave Maria, cheia de graxa, o suor é conosco! Tuas lavainhas. Só eu sei! Madamadona! Inchaste a cara, amiga da sonsa, na cantina Carrigacurra de Conway? Eu o que, carrancamanca? Flop! Teu retro aspectro é grecorreumático mas tua massa descompassa. Não estou eu de pé, desde que a alva se lava, martritizada, Maria alacuca, com palpitações de Corregan e veias variscosas, meu carrinho de mãe lamassado, Alice Jane em declínio e meu viraluta cãolho duas vezes amalroado, limpando limpoopó dos frapos fervidos, e suando frio, uma viúva como eu, para vestir meu filho campeão de tênis, o lamandro com flanelas de lavanda? Ficaste manca com os húspidos hussardos, quando o Bufo de Renda herdou a cidade e tua mancha deu o feudor a Carlow. Santa Scamandra, eu o vi novamente! Perto das quedas Douro. Ísis aqui! Santa luzíris! Zezere! Subjuga esse ruído humilde criadura! É apenas um arbusto onegro ou o fantasno do jusmento dos quatro velhos burrugraves. Você fala de Tarpey e Lions e Gregory? Falo sim, e não só, os quatro caturros com seus urros que desguiam o burro pelo escuro, e Johnny MacDougal incluso. É o santelmo de Poolbeg, faroleste, ou um holobote costeando a Kishtna ou um vago lume que avisto dentro de uma sebe ou meu Garry que vem vindo do Indo? Espera a flúor do melilúnio, amor! Cai, vésper, vesperina, cai. Em teus olhos a tarde se esvai. A rever outra vez, volver uma vez mais. Se encontrares a hora, eu procuro o lugar. Minha via cintila onde a látea é azul nata. Queiramebem, vou-me embora! Atétreva! E você, pulse esse relógio, bemmequer. Teu vesperológio. E salve o fim do diujurno! Minha vista já nada em névoa e não vê

on me by the shadows to this place. I sow home slowly now by own way, moyvalley way. Towy I too, rathmine.

Ah, but she was the queer old skeowsha anyhow, Anna Livia, trinkettoes! And sure he was the quare old buntz too, Dear Dirty Dumpling, foostherfather of fingalls and dotthergills. Gammer and gaffer we're all their gangsters. Hadn't he seven dams to wive him? And every dam had her seven crutches. And every crutch had its seven hues. And each hue had a differing cry. Sudds for me and supper for you and the doctor's bill for Joe John. Befor! Bifur! He married his markets, cheap by foul, I know, like any Etrurian Catholic Heathen, in their pinky limony creamy birnies and their turkiss indienne mauves. But at milkidmass who was the spouse? Then all that was was fair. Tys Elvenland! Teems of times and happy returns. The seim anew. Ordovico or viricordo. Anna was, Livia is, Plurabelle's to be. Northmen's thing made southfolk's place but howmulty plurators made eachone in person? Latin me that, my trinity scholar, out of eure sanscreed into oure eryan! Hircus Civis Eblanensis! He had buckgoast paps on him, soft ones for orphans. Ho, Lord! Twins of his bosom. Lord save us! And ho! Hey? What all men. Hot? His tittering daughters of. Whawk?

Can't hear with the waters of. Tle chittering waters of. Flittering bats, fieldmice bawk talk. Ho! Are you not gone ahome? What Thom Malone? Can't hear with bawk of bats, all thim liffeying waters of. Ho, talk save us! My foos won't moos. I feel as old as yonder elm. A tale told of Shaun or Shem? All Livia's daughtersons. Dark hawks hear us. Night! Night! My ho head halls. I feel as heavy as yonder stone. Tell me of John or Shaun? Who were Shem and Shaun the living sons or daughters of? Night now! Tell me, tell me, tell me, elm! Night night! Telmetale of stern or stone. Beside the rivering waters of, hitherandthithering waters of. Night!

(*FW*, 214-216)

nada à vista. Vou para casa apassolento, agora viavale, meu verde val.
Eu também, valemedeus.
  Ah, mas ela era esquisexótica, se era, Ana Lívia, pediplúvia!
E decerto ele era também estrabódico, Lord Lordo Balordo, padrastro de finnistinos e filistellas. Vovô e vovó, somos todos de seu bando. Ele não tinha sete mulheres para multiplicar? E cada mulher tinha sete muletas. E cada muleta as suas sete cores. E cada cor um coro diferente. Sabão pra mim e sopa pra você e a conta do doutor para o João José. Antes. Parantes. Ele casou suas freiras, a preço de feira, eu sei, como todo Herótico Católico Etrusco, suas róseas citrinas cremosas verdes-duquesas e suas malvas índigas turcarezzas. Mas ao fim da quermissa que esposa é promessa? Tudo o que foi foi bem. Eis D'Elfinlândia. Tempos milhares e retornos melhores. De nove outro mês. Ordovico ou viricordo. Ana foi, Lívia é, Plurabelle será. O rei dos northomens deu pais aos sulmanos, mas quãomultos pluravós para cada um de nós? Alatinai-me isso, meu sacripedante, do vosso sanscredo ao nosso eiriano! Hircus Civis Eblanensis! Ele tinha caproubres, macios, para órfãos. Deus meu! Gêmeos de seu peito. Louva a Deus! E quê? Quem? o que toda gente. Ein? As tithilariantes filhas de. Quem te?
  Não ouço por causa das águas de. O bebêbalbúcio das águas de. Sibilantes morcegos, ratos da vala. Fala. Cala. Como é! Você não foi pra casa? Que João José? Não ouço por causa da asa dos morcegos, todas as liviantes águas de. Ah, fala salva-nos! Planta dos pés pesa. Sinto-me tão calma como aquele olmo. Um conto contado de Shaun ou Shem? Todos os filhosfilhas de Lívia. Falcões da escuridão ouvi-nos. Noite! Noite! Minha ah cabeça cai. Sinto-me tão lerda como aquela pedra. Fala-me de João ou Shaun? Quem foram Shem ou Shaun os filhos ou filhas vivos de? Tudo treva! Fala-me, fala-me, fala-me álamo! Noite noite! Fala-me-fala de planta ou pedra. As riocorrentes águas de, as indo-e-vindo águas de. Noite!

(*tradução de Augusto e Haroldo de Campos*)

15

Poor Isa sits a glooming so gleaming in the gloaming; the tincelles a touch tarnished wind no lovelinoise awound her swan's. Hey, lass! Woefear gleam she so glooming, this pooripathete I solde? Her beauman's gone of a cool. Be good enough to symperise. If he's at anywhere she's therefor to join him. If it's to nowhere she's going to too. Buf if he'll go to be a son to France's she'll stay daughter of Clare. Bring tansy, throw mirtle, strew rue, rue, rue. She is fading out like Journee's clothes so you can't see her now. Still we know how Day the Dyer works, in dims and deeps and dusks and darks. And among the shades that Eve's now wearing she'll meet anew fiancy, tryst and trow. Mammy was, Mimmy is, Minuscoline's to be. In the Dee dips a dame and the dame desires a demselle but the demselle dresses dolly and the dolly does a dulcydamble. The same renew. For though she's unmerried she'll after truss up and help that hussyband how to hop. Hip it and trip it and chirrub and sing. Lord Chuffy's sky sheraph and Glugg's got to swing.

(*FW*, 226)

15

A pobre Isa está sentada tão sentida sentilando, etincelas uma aura descolorida colibrisa nenhum solriso fere sua auréola. E' lassa! Por que sentilua assim tão sentida, esta pueripatética, i sola? Seu noivo se foi por finn. Condescenda em sonsorrir. Se ele está algures ela está por perto. Se ele vai a nenhures ela também irá por certo. Mas se ele vai ser filho de França ela resta filha de Clare. Traz atanásia, asperge mirto, esparge arruda, arruda, arruda. Ela está esvanessendo como os véus do Diascuro, por isso não se pode vê-la amais. Mas bem sabemos como a Tarde arde, em tarjas e trevas e turvas e tumbas. E entre as sombras que Vésper agora usa ela há de encontrar um novo fan, triste e tasma. Mama foi, Mímia é, Minuscolina será. No D dorme uma dama e a dama deseja uma donzela mas a donzela donaira uma dona e a dona desanda em dulcidança. De noivo outra vez. Pois embora isolteira ela um dia agarra o seu sonsorte e o amarra ao sex trote. Palma, palma, palma, pé de anjo, pé. Lord Chuffy seraofim, carandejo Glugg é.

(tradução de Augusto, de Campos)

16

It darkles, (tinct, tint) alt this our funnaminal world. Yon marshpond by ruodmark verge is visited by the tide. Alvem-marea! We are circumveiloped by obscuritads. Man and belves frieren. There is a wish on them to be not, doing or anything. Or just for rugs. Zoo koud! Drr, deff, coal lay on and, pzz, call us pyrress! Ha. Where is our highly honourworthy salutable spousefounderess? The foolish one of the family is within. Haha! Huzoor, where's he? At house, to's pitty. With Nancy Hands. Tcheetchee. Hound through the maize has fled. What hou! Isegrim under lolling ears. Far wol! And wheaten bells bide breathless. All. The trail of Gill not yet is to be seen, rocksdrops, up benn, down dell, a craggy road for rambling. Nor yet through starland that silver sash. What: era's o'ering? Lang gong late. Say long, scielo! Siliume, see lo! Selene, sail O! Amune! Ark!? Noh?! Nought stirs in spinney. The swayful pathways of the dragonfly spider stay still in reedery. Quiet takes back her folded fields. Tranquile thanks, Adew.

(*FW*, 244)

16

    Escurece, tingetinto, nosso funamburlesco mundanimal. Lama-
-laguna, aquela, à beira-rota, é montada pela onda. Avemaréa! Somos
circunvelopardos pela urubscuridade. Homens e bestas friam. Desejo
de não fazer nada, nemnada. Só lã. Zoono bom! Sec, surd, sobr'ulha
jazer, pss sus pira rr. Ah! Onde se esconde nossa altanobre salve espô-
sestirpe? A doida da família está lá dentro. Haha! ZoÓsim, onde está
ele? Em casa, que pena. Com Nancy Nana. Travetsetseiro. Cão correu
no milharal. Cão? Não. Isegrim orelhas-murchas. Até lobo! E ovelhas
sineiras param sem fôlego. Todas. A trilha do Demo ainda não se vê,
rolenrola, cerro acima, vale abaixo, vereda ruim pra vagamundos.
Nem atraviés da estrelândia aquela banda de prata. Que era sobres-
soa? Longonga é-tarde. Só longe, scielo! Silúmida, sus vê-se. Selene
surge. Oh! Lun! Arca? No é? Nada mexe a moita. Veredas volúvias da
libéluaranha pousam paz nos juncos. Refolham quedos seus folhos.
Garças tácitas. Vale! Orvalha!

                                              (*tradução de Haroldo de Campos*)

17

… and, an you could peep inside the cerebralised saucepan of this eer illwinded goodfornobody, you would see in his house of thoughtsam (was you, that is, decontaminated enough to look discarnate) what a jetsam litterage of convolvuli of times lost or strayed, of lands derelict and of tongues laggin too, longa yamsayore, not only that but, search lighting, beached, bashed and beaushelled à la Mer pharahead into faturity, your own convulvulis pickninnig capman would real to jazztfancy the novo taking place of what stale words whilom were woven with and fitted fairly featly for, so…

(*FW*, 292)

17

...e se você puder espipiar adentro da cacholata cerebralizada desse sempre spasm'ventado nãoseiquediga, você verá em sua casa de dispensamentos (caso você esteja o bastante descontaminado para parecer desincarnado), que montúrio de lixeratura em convólvulos de tempo perdido ou extravagado, de terras derelictas, e também de línguas retrasadas, longoras d'outrora; não só isso mas busquejando de relampo, apraiado, apaleado e belbombardado, marcambúzio à la Mer farol-longe futuridade avante, vosso próprio piqueníqueo capitano girandolará de gozo, fantasiando o novo renovante do goro das palavras entranhado d'antanho nelas, mas agora refeitas e afeitas a finos feitos façanhais, simsim...

(*tradução de Haroldo de Campos*)

18

I could sit on safe side till the bark of Saint Grouseous for hoopoe's hours, till heoll's hoerrisings, laughing lazy at the sheep's lightning and turn a widamost ear dreamily to the drummling of snipers, hearing the wireless harps of sweet old Aerial and the mails across the nightrives (peepet! peepet!) and whippoor willy in the woody (moor park! moor park!) as peacefed as a philopotamus, and crekking jugs at the grenoulis, leaving tealeaves for the trout and belleeks for the wary till I'd followed through my upfielded neviewscope the rugaby moon camuliously godrolling himself westasleep amuckst the cloudscrurns for to watch how carefully my nocturnal goosemother would lay her newgolden sheegg for me down under in the shy orient.

(*FW*, 449-450)

18

Eu poderia assentar-me assalvo neste balado de barcarola até o grasn'ido de Sant'Agarças à horipêndula das poupas, atéolo infim do infhélio no horuscante, jubilojazendo à carneirosa relampinave, e prestar um semiouvido oniraberto ao tamburlido narcejo dos embuscados tiradores, écouvindo as teleharpas dulcaéreas d'Alária e as malapostas atrevias das noitrilhas (pipita! pipita!) e a curiangústia bacurejando à noitibosca (mouroparque! mouroparque!) tão paciaguado como um filopótamo, e crassejando como as rãs núnculas, des jetando tchás m'ariscos aos marrecos – turfa-às-trutas ou trunfo-ao-turfe, trintrinfante! e as vazabarr'elas deixoelas para os beligalantes, até qu'eu persiga com meu rampicampeante obnuviscópio o volibólido lúnio cumulhuvoso deusdurando selenêle à oestessesta no enlumeio de migalhuvens, trás o qual fortolhar como a gânsia madressola noturneia ouripôndia seu fremin'ovo sol-prá-mim nos australonges orientímidos.

(*tradução de Haroldo de Campos*)

19

Night by silentsailing night while infantina Isobel (who will be blushing all day to be, when she growed up one Sunday, Saint Holy and Saint Ivory, when she took the veil, the beautiful presentation nun, so barely twenty, in her pure coif, sister Isobel, and next Sunday, Mistlemas, when she looked a peach, the beautiful Samaritan, still as beautiful and still in her teens, nurse Saintette Isabelle, with stiff-starched cuffs but on Holiday. Christmas, Easter mornings when she wore a wreath the wonderful widow of eighteen springs, Madame Isa Veuve La Belle, so sad but lucksome in her boyblue's long black with orange blossoming weeper's veil) for she was the only girl they loved, as she is the queenly pearl you prize, because of the way the night that first we met she is bound to be, methinks, and not in vain, the darling of my heart, sleeping in her april cot, within her singachamer, with her greengageflavoured candywhistle duetted to the crazyquilt, Isobel, she is so pretty, truth to tell, wildwood's eyes and primarose hair, quietly, all the woods so wild, in mauves of moss and daphnedews, how all so still she lay, neath of the whitethorn, child of tree, like some losthappy leaf, like blowing flower stilled, as fain would she anon, for soon again 'twill be, win me, woo me, wed me, ah weary me! deeply, now evencalm lay sleeping.

(*FW*, 556)

19

Noite após navesilente noite enquanto a infantina Isobel (que estará corando todo o dia para ser, quando crescer num domingo, Santa Mirta e Santa Ebúrnea, quando ela recebeu o véu, a bela monja debutante, tão simplesmente noiva, em sua pura coifa, irmã Isobel, e no domingo seguinte, São Miguel, quando ela parecia um pêssego, a bela Samaritana, ainda tão linda, e tão noviça ainda, soror Saintette Isabelle, com punhos amengomados mas nas manhãs de dia-santo, natal, páscoa, quando ela usava uma agrinalda, a viridente viúva das dezoito primaveras, Madame Isa Veuve La Belle, tão felizmente triste em seu longo véu de órfã, crepe com botões de laranjeira) pois era a única menina que eles amavam, eis a pérola-fília que tanto estimais, por causa do ar da noite em que pela primeira vez nos vimos, está fadada a ser, pressinto, e não em vão, a minha fada preferida, dormindo de camisola na sua dulcâmara, sob doceldedamasco, açucarcândida, em sono uníssono com sua colcha de restolhos, Isobel, ela é tão bela, palavra d'olor, olhos colírios e madeixas primarosas, caladamente, abrolhos fechados, em malvas de musgo e dafnedálias, ah como está tão quieta, sôbolas sarças, filha d'alga, como alguma folha desgarrida, botão-de-flor em flor, que de bom grado seria já, pois cedo há-de ser de novo, quem me ama, me dama, me doma, ai de mim! profundamente, agora na cama calma dorme.

(tradução de Augusto de Campos)

20

A time.

Act: dumbshow.

Closeup. Leads.

Man with nightcap, in bed, fore. Woman, with curlpins, hind. Discovered. Side point of view. First position of harmony. Say! Eh! Ha! Check action. Matt. Male partly masking female. Man looking round, beastly expression, fishy eyes, paralleliped homoplatts, ghazometron pondus, exhibits rage. Business. Ruddy biond, Armenian bole, black patch, beer wig, gross build, episcopalian, any age. Woman, sitting, looks at ceiling, haggish expression, peaky nose, trekant mouth, fithery wight, exhibits fear. Welshrabbit teint, Nubian shine, nasal fossette, turfy tuft, undersized, free kirk, no age. Closeup. Play!

(*FW*, 559)

20

Um tempo.

Ato: pantomima.

Closeup. Astros.

Homem com gorra de dormir, na cama, à frente. Mulher, com mamelotes, atrás. Nus. Perspectiva lateral. Primeira posição de harmonia. Diga! Eh? Ha! Checamate. Maca. Macho mas cara metade. Homem olhando em torno, bronquiaberto, olhos piscosos, paralelípedos homoplatos, ghazometron pondus, denota raiva. Negócio. Sanguíneo louro, tronco armênio, pinta negra, cachaço ursuto, grossa estaltura, episcofálico, qualquer idade. Mulher, sentada, olha para o teto, selvagina expressão, nariz a pique, boca nina, peso pênis, de monstra medo. A cor corada, capelo núbil. fosseta nasal, tufo turfosa, nanica, presbuterina, sem idade. Closeup. Ação!

(tradução de Augusto de Campos)

21

Who sleeps in now number one, for example? A pussy, purr esimple. Cunina, Statulina and Edulia, but how sweet of her! Has your pussy a pessname? Yes, indeed, you will hear it passim in all the noveletta and she is named Buttercup. Her bare name will tellt it, a monitress. How very sweet of her and what an excessively lovecharming missyname to forsake, now that I come to drink of it filtred, a gracecup fulled of bitterness. She is dadad's lottiest daughterpearl and brooder's cissiest auntybride. Her shellback thimblecasket mirror only can show her dearest friendeen. To speak well her grace it would ask of Grecian language, of her goodness, that legend golden. Biryina Saindua! Loreas with lillias flocaflake arrosas! Here's newyearspray, the posquiflor, a windaborne, and heliotrope; there miriamsweet and amaranth and marygold to crown. Add lightest knot unto tiptition. O Charis! O Charissima! A more intriguant bambolina could one not colour up out of Boccuccia's Enameron. Would one but to do apart a lilybit her virginelles and, so, to breath, so, therebetween, behold, she had instantt with her handmade as to graps the myth inmid the air. Mother of moth! I will to show herword in flesh. Approach not for ghost sake! lt is dormition!

(*FW*, 561)

21

Quem dorme agora no número um, por exemplo? Uma gata, pura e simples. Cunina, Statulina e Edúlia, mas que mimo de doçúcar. Sua mimi tem um nome? Sim, cetim, hás de ouvi-lo passim em toda a noveletta e ela se chama Amargarina. Seu nome próprio o diz, é minitora. Oh mas que mimavera, e que nomúnculo miniamente amadócil para solvidar, amormente agora que vou sorvê-la filtrada, um bríndisi de amarga urina. Ela é a mais mimada pérola-madrinha de seu papai e a mais vera primanoiva de seu germano. Seu espelho cônchavo em dedalescrínio devolve apenas a sua cara amigarina. Para bem descrever sua graça seria preciso a língua grega, diva divina, essa lenda dourada. Biryina Saindua! Loreas com lillias frocofloco arrosas! Eis botãodanobom e posquiflor, e pura-brisa e heliotropo; amargarida e amaranto, um ouromel para a coroa. Acrescer mínimo laçarinho para a meninição. Ó Charis! ó Charissima! Que mais intrigante bambolina poderia decorar o Enameron de Boccucio? Pudesse alguém apenas a partir um lirímetro suas virginelles, e, assim, hauscultar, assim, nesse interregno, vêde, ela instante com seus dedos anelares como se a colhêr um duende em meio ao ar. Deusa de adeus! Quero mostrá-la emsimesma em carne e ósculo. Não te aproximes pelo amor de Psius. É dormiência!

(*tradução de Augusto de Campos*)

22

Yes, you're changing, sonhusband, and you're turning, I can feel you, for a daughterwife from the hills again. Imlamaya. And she is coming. Swimming in my hindmoist. Diveltaking on me tail. Just a whisk brisk siy spry spink spank sprint of a thing theresomere, saultering. Saltarella come to her own. I pity your oldself I was used to. Now a younger's there. Try not to part! Be happy, dear ones! May I be wrong! For she'll be sweet for you as I was sweet when I came down out of me mother. My great blue bedroom, the air so quiet, scarce a cloud. In peace and silence. I could have stayed up there for always only. It's something fails us. First we feel. Then we fall. And let her rain now if she likes. Gently or strongly as she likes. Anyway let her rain for my time is come. I done me best when I was let. Thinking always if I go all goes. A hundred cares, a tithe of troubles and is there one who understands me? One in a thousand of years of the nights? All me life I have been lived among them but now they are becoming lothed to me. And I am lothing their littie warm tricks. And lothing their mean cosy turns. And all the greedy gushes out through their small souls. And all the lazy, leaks down over their brash bodies. How small it's all! And me letting on, to meself always. And lilting on all the time. I thought you were all glittering with the noblest of carriage. You're only a bumpkin. I thought you the great in all things, in guilt and in glory. You're but a puny. Home! My people were not their sort out beyond there, so far as I can. For all the bold and bad and bleary they are blamed, the seahags. No! Nor for all our wild dances in all their wild din. I can seen meself among them, allaniuvia, pulchrabelled. How she was handsome, the wild Amazia, when she would seize to my other breast! And what is she weird, haughty Niluna, that she will

22

Sim, você está mudando, filhesposo, está se voltando, posso senti-lo, para uma filhesposa das montanhas de novo. Imlamaya. Ei-la que vem. Nadando em meu nebulonge. TrEmulando-me à cauda-longa. Um ágil álacre lépido leve corre currículo curso d'algo galgures saltitando. Saltarella vem ao que é dela. Comadreço-me do teu velhoeu a que me usei. Eis a mais nova noiva aqui. Tentem não partir! Sejam felizes, queridos! Que eu esteja enganada! Ela será tenra para você como eu fui terna ao descender da água materna. Meu largo leito anil, o ar calmo, raro uma nuvem. Silencio e paz. Ali eu podia ter ficado, para sempre. É algo que nos falta. Primeiro falamos. Depois falimos. E que ela chova agora se quiser. Brava ou leve, como ela queira. Que ela chova e lave, pois meu tempo é breve. Dei o melhor de mim quando me deixaram. Pensando sempre se eu vou tudo vai. Multimicroscrúpulos, torturas tântalas, e há alguém que me entenda? Um em milumanoites? Toda minha vida entre eles, mas agora náusea. Náusea às suas minúsculas manhas mornas. Náusea aos seus médios modos cômodos. E todos os borbotões vorazes que brotam de suas semialmas. E todas as brechas de ócio em seus corpos de pedrorgulho. Como tudo é nada! E eu contando-me a mim mesma sempre. E todo tempo cantando. Julguei que cintilasses com a mais real carruagem. Não és mais que um selvagem. Julguei-te grande em tudo, em galé ou em glória. Não és senão anão. Para casa! Os meus não eram de tão baixa raça, que eu saiba. Por mais que as acusem de brutas e obscuras, as bruxas marúleas. Não! Nem por todos os nossos balés bravos em suas bulhas bravias. Posso ver-me entre elas, allaniúvia pulcrabella. Quão amoroza, a selvagem Amázia, prendendo-me o outro peito, e como surpreende a nóbil Niluna, se quer desprender meus

snatch from my ownest hair! For 'tis they are the stormies. Ho hang! Hang ho! And the clash of our cries till we spring to be free. Auravoles, they says, never heed of your name!

But I'm loothing them that's here and all I lothe. Loonely in me loneness. For all their faults. I am passing out. O bitter ending! I'll slip away before they're up. They'll never see. Nor know. Nor miss me. And it's old and old it's sad and old it's sad and weary I go back to you, my cold father, my cold mad father, my cold mad feary father, till the near sight of the mere size of him, the moyles and moyles of it, moananoaning, makes me seasilt saltsick and I rush, my only, into your arms. I see them rising! Save me from those therrble prongs! Two more. Onetwo moremens more. So. Avelaval. My leaves have drifted from me. All. But one clings still. I'll bear it on me. To remind me of. Lff! So soft this morning, ours. Yes. Carry me along, taddy, like you done through the toy fair! If I seen him bearing down on me now under whitespread wings like he'd come from Arkangels, I sink I'd die down over his feet, humbly dumbly, only to washup. Yes, tid. There's where. First. We pass through grass behush the bush to. Whish! A gull. Gulls. Far calls. Coming, far! End here. Us then. Finn, again! Take. Bussoftlhee, mememormee! Till thousendsthee. Lps. The keys to. Given! A way a lone a last a loved a long the

(*FW*, 627-628)

puros cabelos! Pois elas são procelas. Ho hang! Hang ho! E o alarido de nossos gritos até saltarmos para o ar livre. Auravoles, dizem elas, não te incomodes com teu nome! Mas eu vou-me soltando deste resto que é tudo o que eu detesto. Solunaticamente em mim só. Por todas as suas culpas. Sim, me vou indo. Oh amargo fim! Eu me escapulirei antes que eles acordem. Eles não hão de ver. Nem saber. Nem sentir minha falta. E é velha e velha é triste e velha é triste e em tédio que eu volto a ti, frio pai, meu frio frenético pai, meu frio frenético feerível. pai, até que a pura vista da mera aforma dele, as láguas e láguas dele, lamamentando, me façam maremal lamasal e eu me lance, oh único, em teus braços. Ei-los que se levantam! Salva-me de seus terrípertos tridentes! Dois mais. Umdois morhomens mais. Assim. Avelaval. Minhas folhas se foram. Todas. Uma resta. Arrasto-a comigo. Para lembrar-me de. Lff! Tão maviosa manhã, a nossa. Sim. Leva-me contigo, paizinho, como daquela vez na feira de brinquedos! Se eu o vir desabar sobre mim agora, asas branquiabertas, como se viesse de Arkanjos, eu pênsil que decairei a seus pés, Humil Dumilde, só para lauvá-los. Sim, fim. É lá. Primeiro. Passamos pela grama psst trás do arbusto para. Psquiz! Gaivota, uma. Gaivotas. Longe gritos. Vindo, longe! Fim aqui. Nós após. Finn équem! Toma. Bosculaveati, mememormim! Ati mimlênios fim. Lps. As chaves para. Dadas! A via a uma a una amém a mor além a

(*tradução de Augusto e Haroldo de Campos*)

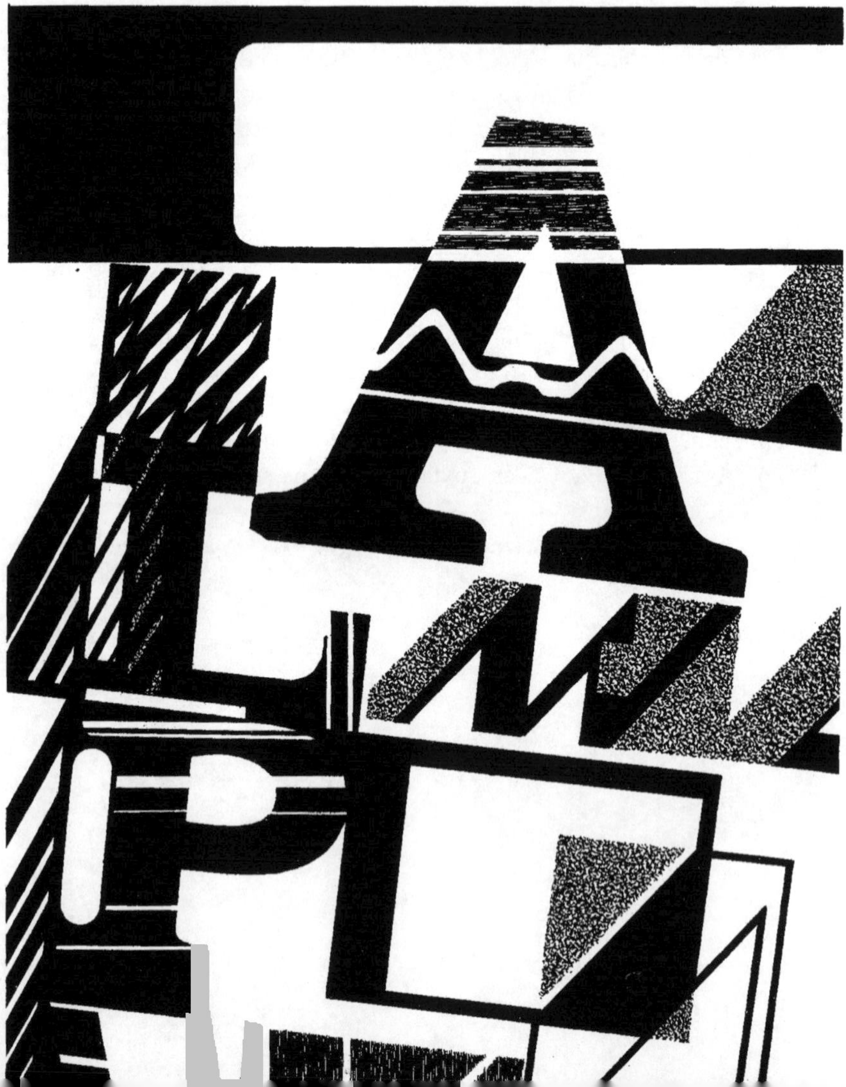

SINOPSE

O *FW* está dividido em quatro grandes Partes, ou Livros, não titulados, mas numerados de I a IV. Campbell e Robinson deram nomes a esses Livros, baseando-se para tanto na relação do ciclo quadripartido de Joyce com as 4 idades do Corso-Ricorso de Vico; subdividiram-nos, ainda, em 16 capítulos, a que apuseram títulos adaptados das frases do texto, da seguinte forma:

LIVRO I: O LIVRO DOS PAIS (3-216)

Cap. 1: A Queda de Finnegan (3-29)
Cap. 2: HCE – Seu Apelido e Reputação (30-47)
Cap. 3: HCE – Seu Julgamento e Prisão (48-74)
Cap. 4: HCE – Sua Libertação e Ressurreição (75-103)
Cap. 5: O Manifesto de ALP (104-125)
Cap. 6: Enigmas – Os Personagens do Manifesto (126-168)
Cap. 7: Shem, o Escriba (169-195)
Cap. 8: As Lavadeiras no Vau (196-216)

LIVRO II: O LIVRO DOS FILHOS (219-399)

Cap. 1: A Hora das Crianças (219-259)
Cap. 2: O Período do Estudo – Triv e Quad (260-308)
Cap. 3: A Taverna em Festa (309-382)
Cap. 4: Navio-noiva e Gaivotas (383-399)

LIVRO III: O LIVRO DO POVO (403-590)

Cap. 1: Shaun diante do Povo (403-428)
Cap. 2: Jaun diante da Academia de St. Bride (429-473)

Cap. 3: Yawn sob Inquérito (474-554)
Cap. 4: HCE e ALP – Seu Leito de Julgamento (555-590)

LIVRO IV: RICORSO (593-628)

Valemo-nos desta sinopse para localizar, no corpo do romance, os fragmentos traduzidos, buscando com isso facilitar, o quanto possível, a compreensão e o aproveitamento do leitor.

* * *

Outros esquemas sinópticos foram propostos para o *FW*, como, por exemplo, o de Adaline Glasheen (*A Second Census of Finnegans Wake*, 1963) e o de Bernard Benstock (*Joyce-Again's Wake*, 1965). Mantivemos aqui o quadro de Campbell e Robinson por nos parecer suficiente para os fins didáticos do presente volume.

NOTAS

FRAGMENTO 1

Com *riverrun* (riocorrente), em letra minúscula, irrompe o *Finnegans Wake*, no meio de uma sentença iniciada na última linha do volume. Joyce imaginou para o seu livro uma estrutura aberta: a derradeira palavra prossegue na primeira, num "continuum" circular: *continuarração*, rio-romance.
Campbell e Robinson esmiuçaram os quatro parágrafos iniciais (dos quais traduzimos os três primeiros), às pp. 28-38 do *Skeleton Key*, Aí estão "as energias latentes de todos os caracteres e motivações do livro".
No 1º parágrafo, o princípio masculino e o feminino, Adão e Eva (no caso, também, a Igreja de "Adão e Eva" às margens do rio Liffey, em Dublin) e o tema do "ricorso" de Vico, em círculo vicioso – *a commodius vicus of recirculation* – *vicus* significando "rua", mas ao mesmo tempo evocando Giambattista Vico e a Vico Road, de Dublin; commodius aludindo ao imperador Commodus, da Roma decadente (diu: lat., há muito tempo). Na referência a *Howth Castle* (localidade de Dublin) *and Environs*, insinuam-se as iniciais HCE, prenunciadoras de Humphrey Chimpden Earwicker, que há de substituir Finnegan.
2º parágrafo: Em *Tristram* fundem-se a figura de Almeric Tristram, fundador de Howth Castle, e a do legendário Tristão, dividido entre as duas Isoldas, a da Irlanda e a da Bretanha, um dos temas--conflitos de importância no livro. *North Armorica* é a Bretanha do Norte, cenário do amor-morte de Tristão e Isolda na Irlanda. É também o palco do casamento mórbido, não consumado, de Tristão com

a segunda e mais jovem Isolda, a de Bretanha. Mas lembra, ainda, a Norte América. Em *Laurens Country*, Georgia (gorgios), nos EE.UU., há um rio *Oconee*, em cujas margens fica Dublin, localidade campestre, numa reduplicação toponímica da Dublin irlandesa, junto ao rio Liffey. O fundador dessa Dublin americana foi Peter Sawyer, segundo refere Joyce numa carta de 1926 (*Letters*, p. 247); Campbell e Robinson vêem aí, também, uma alusão a Tom Sawyer. A palavra Oconee evoca a exclamação de pena, irlandesa, "ochone". *Rocks*, em "slang", pode significar "dinheiro" ou "testículos". Campbell e Robinson assim "traduzem" este trecho: "um filho bem-sucedido de HCE emigra do leste para o oeste, como seu pai fizera antes. Estabelecendo-se na América, tem uma larga descendência e lhe augura grande prosperidade". Há, ainda, referências à Irlanda do tempo da conquista anglo-normanda, como a alusão ao bispo de Dublin, Lawrence O'Toole (*Laurens County* = Lawrence's County). Em seguida, ecos da cristianização da Irlanda por São Patrício: *mishe mishe* = eu sou eu sou (em irlandês), palavras da deusa da ilha, Brígida, ao ser batizada; *tauf*, do alemão "taufen", batizar; *thuartpeatrick* (tuéspatruísquio), trocadilho sobre "thou art Peter". Evocações bíblicas: a luta entre Esaú e Jacó pela primogenitura de Isaac; as heroínas de três histórias envolvendo o amor de velhos por moças (Susana, Estér e Rute = sesters... sósias ... enrutecido), em correlação com a paixão do Deão Jonathan Swift (no texto, em anagrama: *nathandjoe*) por Vanessa (*venissoon... vanessy* = veniesse... vanessidade); Noé, embriagado ao plantar a vinha, e seus filhos, na perspectiva do tema do "conflito fraterno". *Jhem or Shen*, Shaun e Shem, ou ainda John Jamesoa & Son, destiladores de uísque, conjugados a Arthur Guiness, fabricante de cerveja.

3º parágrafo: A queda de Finnegan, associada à de Humpty Dumpty (O Homem-Ovo de *Alice no País dos Espelhos*) do muro, registrada por uma imensa palavra polilíngue, que reaparecerá em variantes polissilábicas de uma centena de letras, em outros pontos do livro, por mais nove vezes (pp. 23, 33, 90, 113, 257, 314, 332, 414 e 424 do *FW*). É a "voz do trovão", que simboliza o fim da última fase (a caótica) do ciclo de Vico e o reinício da primeira (a teocrática). Os "disjecta membra" do gigante caído se encontram esparsos na topografia de Dublin: a cabeça, na colina de Howth, os pés, em Castle *Knock*, num cemitério do Phoenix *Park*, onde vieram ter os restos mortais dos *Orangemen*, invasores da Irlanda.

Como observam, ademais, Campbell e Robinson, os parágrafos iniciais do *FW* sugerem remotamente os versos da abertura do livro do Gênesis.

Fiz a experiência de voltar a traduzir este fragmento, 15 anos depois, sem considerar a primeira abordagem. O resultado pareceu-me bastante significativo no sentido de evidenciar as potencialidades de múltipla leitura que oferece o texto joyciano e as incontáveis reverbações linguísticas que ele pode suscitar na sua transposição para o nosso idioma: o "venerável negaciante" da primeira versão transforma-se num "wallstreito patriarcaico"; os "recantadores da cristã idade" se convertem na "cristória humanicômica"; a "grande queda do ovalto", na "grande queda do primovo"; o "primoamor que ao diablin levou lívia", num "diabolino que primoamou lívia". E assim por diante. Eis a nova versão para os apreciadores do "colidoeuscapo" joyciano:

A queda (bababadalgharaghtakamminarronkonnbronntonnerronntuonnt-
-hunntrovarrhounalnskawntoohoohoordenenthurnuk!) de um outrora wallstreito patriarcaico é recontada a partir da cama e a seguir na fama por toda a cristória humanicômica. A grande queda do primovo muro prepucitou de tal forte a pftjs-queda de Finnegan, dantes excéltico ferrabraço, que a sua humptytopetesta envia presto um ininspeturista para o oeste em questa de seus tumptytumtarsos: e seus pèspontacabeçabaixos estão no baque do parque onde os loranjos se enferrojam no verde desde que um debolino primoamou lívia.

As duas versões, interpretadas por mim, com música de Cid Campos, podem ser ouvidas no CD "Poesia é Risco" (PolyGram, Rio de Janeiro, 1995).

FRAGMENTO 2

Uma breve descrição preambular de Dublin. Num outro nível, uma síntese dos próprios processos audiovisuais do *Finnegans Wake*. "Olhem esta paisagem e vocês discernirão, através dela a Vigília (Wake), ainda em progresso", interpretam Campbell e Robinson. Segundo os dois exegetas, o pretexto da cena é um certo quadro que costumava estar pendurado na taverna de HCE. Pode-se tratar – acrescentamos – da cópia de um quadro de Rafael, do Arcanjo Miguel subjugando Satanás (Cf. Edmund Wilson, *Raízes da Criação Literária*, "O Sonho de H. C. Earwicker" p. 194), já que *Miry Mitchel* (Muco Michel) parece ser São Miguel, e *Fiery Farrelly* (Fero Farelo), o Demônio (Cf. Adeline Glasheen, *A Census of FW*).

Já nas primeiras linhas, as "impressões onomásticas" de HCE (*Hush! Caution! Echoland!* e *How charmingly exquisite*). W.K.O.O., abreviatura de *Well Known Old Oaths* (Velhas Pragas Bem Conhecidas). *Optophone*, elucidam Campbell e Robinson, é um instrumento que converte imagens em sons. *Ollave*, bardo irlandês. Sobre a *Wheautone's magic lyer* (lyre + liar), ou a "mágica menlira, (mentira + lira) de Wheatstone" encontramos, no glossário de Adeline Glasheen: "*Wheatstone, Sir* Charles (1802-1875) – Físico inglês, praticamente o criador da telegrafia. Ele inventou também o "acoucryptophone", caixa leve, com a forma de uma antiga lira, suspensa por um fio metálico de um piano colocado no andar superior. Quando o piano era tocado, as vibrações se transmitiam silenciosamente, tornando-se audíveis na lira, que parecia tocar por si própria".

Tis optophone which ontophanes: "É optofone que ontofana", ou, ainda, numa segunda decodificação, "é imagissom que serluz": os conhecidos prefixos e sufixos de origem grega, que formam as palavras "optophone" e "ontophanes" se justapõem para compor um dos aforismos da estética joyciana, correspondente ao *verbivocovisual presentment*, numa outra fórmula que os poetas concretos tomaram como lema de sua poesia. No contexto vem a calhar o verbo "ouvê" que Décio Pignatari inventou para um dos manifestos concretistas ("Nova

Poesia: Concreta", 1956). A frase inteira de Pignatari é: "O olhouvido ouvê", o que soa como uma réplica criativa às formulações joycianas.

FRAGMENTO 3

Um guia, no Museu Wellington, em Dublin (ora expandido em Museu da Humanidade) mostra a turistas algumas relíquias e artefatos dos primórdios da civilização e da criação do alfabeto e, num outro plano, apresenta simbolicamente, ALP, a terra, HCE, o arado, e os gêmeos, Shem e Shaun (*figurines*). Um resumo da vida humana (*They lived and laughed ant loved end left* / Eles vieram e viveram e vivaram e volveram), com alusões ao budismo (a cadeia originária da vida, da ignorância à morte) e ao Mahabharata (*Ramasbatham*). No plano metalinguístico, uma descrição do próprio *Finnegans Wake*, enquanto texto. Reparar na solução visual daquele "face à face" final, que tinge de iconicidade as palavras, harmonizando-se com o contexto referenciado a runas e escritas primitivas.

Principais alusões: *Many ... Tieckle... Forsin* (Monos... Tésseros... Farsolas) = Mane Tessel Fares (teu reino foi contado, pesado e dividido), palavras proféicas que condenaram o rei Baltasar, segundo a Bíblia (Livro de Daniel, cap. V). *Meades and Porsons* (Moedos e Perdas) = Medas e Persas. Meandertale, Heidenburgh (Meandertal, Paganagens) = *Neanderthal, Heidelberg* (homens primitivos de espécies extintas + Heiden = pagão, Burg = castelo, em alemão). *But with a rush out of his navel...* (Mas com um bambuleio do seu tumbigo...): depois da "iluminação" um caniço teria nascido do umbigo de Buda. *Head-in-Clouds...earth; a hatch, a celt, an earshare...cassay...earthcrust...hours* (Hexcelso Cirrus errava: hachado, castelo, enxoxoto... escavar... crosterrestre... hora... = HCE e vice-versa; ...*furrowards, bagawards, like yoken at the turnpaht* (cavapafrente, baghavatrás, como combois na gincana) remete a *boustrophedon*, "indo-e-vindo como bois no arado", estilo de antigas inscrições gregas em que as linhas se alternam da esquerda para a direita e desta para a esquerda. Em *bagawards*, um aceno ao Baghavad Gita. Futhorc = o alfabeto rúnico + *thor*, divindade nórdica, deus do trovão e do fogo. (Fontes principais da interpretação: *A Skeleton Key to Finnegans Wake*, de Campbell e Robinson, e *Annotations to Finnegans Wake*, de Roland McHugh).

FRAGMENTO 4

Esta passagem, que se situa no Capítulo VI: "Enigmas" – "Os Personagens do Manifesto" – do Livro I: "dos Pais" é também um resumo do universo caleidoscópico do *FW*, apresentando, em germe, vários dos temas principais. Assim, o "corso-ricorso" da História; a teoria da identidade dos opostos, ilustrada pelo conflito entre os gêmeos Shem e Shaun – que aqui tomam o nome de Heng(est) e Horsa, dois irmãos que lideraram os primeiros invasores saxões da Inglaterra; o "eterno feminino" numa de suas ramificações temáticas, as "sete filhas do arco-íris". Exprime-se este último motivo, no *FW*, pela alusão às sete cores, desde a mera referência ao número sete até às variações mais complexas em torno de cores e tons, como a que figura no presente episódio: "what *roserude* and *oragious* grows gelb and *greem, blue* out of the *ind* of it. *Violet's dyed!*" (que *rugirosa ouranja* ou *âmbars, é ver de azul* na *anihilina. Violeta ex tinta!*). Notar a sutileza do jogo homonímico da palavra *dyed*, onde se fundem os vocábulos *dye* (tingir) e *die* (morrer), e que a tradução tentou recriar com o trocadilho *ex tinta*.

No nível episódico, trata-se de um enigma, o de nº 9, dentre os doze propostos por certo professor a respeito da Grande Carta-Manifesto de ALP, cuja origem e caligrafia foram discutidas por ele no capítulo precedente. Apanhada de um monte de lama por uma galinha, a carta foi salva por Shem, mas acabou sendo revelada por Shaun, como descoberta dele próprio. É um manuscrito palimpséstico e polilíngue ("panaroma de todas as flores da fala") que, em última análise, vem a ser o próprio livro.

Campbell e Robinson fornecem a seguinte "chave" interpretativa para a decifração do episódio: "Se um homem, durante o sono, pudesse ter uma visão de toda a história de HCE, com o que mais se pareceria esta visão? Resposta: "um colidouescapo", i.é, o caleidoscópio do *Finnegans Wake*."

David Hayman vislumbra nele outras implicações, que o vinculam a *Un Coup de Dés*, a obra máxima de Mallarmé (consultar, a propósito, o estudo "O Lance de Dados do *Finnegans Wake*", no apêndice deste volume).

FRAGMENTO 5

Trecho de um monólogo de Issy (Isis, Isa, Isabel, Isolda etc.), filha de HCE e ALP. Segundo Campbell e Robison, Issy está sentada diante do espelho-confidente, falando com sua boneca ou escrevendo uma carta, dirigindo-se imaginariamente a um jovem apaixonado que lhe faz uma pergunta sobre a natureza do amor.

Em *A Census of Finnegans Wake*, dicionário dos personagens do livro, Adaline Glasheen consigna, sob a rubrica Pepette:: provavelmente vem do francês *pipet* e de "ppt", apelido que Swift deu a Stella em *Journal to Stella*. Issy muitas vezes atribui esse nome às pessoas a que se dirige e é assim chamada por elas". Em inglês, *pet* significa "animal de estimação" ou um apelido carinhoso. O italiano *pipetta*, "pipeta", associa-se a pupa, "boneca", e pepita, multiplicando a cadeia de referências.

Dentre as outras alusões a nomes e lugares, nem todos identificados, registrem-se o *Smoke Alley Theatre*, em Dublin, e *Rutland*, que parece referir-se a Rutland Square (atualmente Parnell Square), também em Dublin.

Brinbrou – conforme o *Census* – é uma variante de Brinabride, um dos nomes de Issy. *Don Holohan* pode ser o próprio HCE. *Misi! Misi!* é uma variante do *leitmotiv* vocabular *Mishe! Mishe!* (Eu sou! Eu sou!", em irlandês), que assinala o batismo da deusa-virgem Brigit, depois transformada em Santa Brígida. *Misi* é ainda o pretérito perfeito do verbo latino *mittere*, podendo significar: "soltei, deixei partir, enviei". A palavra, reduplicada, alude em espelho à própria Issy: *M* (*isi*)! *M*(*isi*)!

Além de mencionada em vários outros fragmentos, a personagem reaparece, com destaque, nos de nº 6, 15 e 18.

FRAGMENTO 6

No mesmo capítulo, à altura do 11º enigma, surge Nuvoletta, a menina-nuvem da parábola *the Mookse and the Gripes* ("o Romapose e o Uivos"), cujo título provém simultaneamente da fábula de La Fontaine "The Fox and the Grapes" (A Raposa e as Uvas) e de "the Mock-Turtle and the Griphon" (a Falsa-Tartaruga e o Grifo), personagens de Lewis Carroll. No caso, porém, se trata, em nível primordial, de criaturas fabulosas, personificações da Igreja Romana e da Igreja Irlandesa, e, em última instância, dos irmãos Shaun e Shem.

A propósito, elucidam Campbell e Robinson: "O 11º enigma é respondido por um respeitável Prof. Jones, que discorre longamente sobre a história e a metafísica do conflito fraterno e demonstra as relações do triângulo Shem-Shaun-Iseult para com HCE-ALP. Para auxiliar aqueles que se mostram incapazes de seguir sua complexa tese ele conta a parábola "The Mookse and the Gripes" (pp. 152/159), na qual a conquista da Irlanda por Henrique II, com o apoio do Papa Adriano IV, é apresentada numa fábula tipo Alice-no-País-das-Maravilhas traduzida do javanês".

W. Y. Tindall (*James Joyce – his way of interpreting the modern world*, pp. 80/81) assim resume o entrecho: "pendurado no ramo de um olmo, o Uivos discute com o Romapose, que entra em cena. Sua disputa, de caráter político, corresponde à do Papa Adriano IV e Henrique II com a Irlanda, uma pendência que serve também de assunto para a fábula do touro no *Ulisses*. No debate entre o Romapose e o Uivos há, porém, outros componentes políticos: o projetado casamento de Elisabeth e Alençon, a pendenga entre o papa e o antipapa, entre a igreja oriental e a romana, entre o inglês e o irlandês, entre "Marx e seus Grupos". Como olmo, o Uivos, que representa Shem, significa vida e crescimento; como pedra, o Romapose significa fixidez e morte. Em conjunto representam as duas margens do rio Liffey".

Nuvoletta (uma das "personae" de Issy, a filha de HCE e ALP, e encarnação juvenil do "eterno feminino") procura despertar a atenção dos dois inimigos – o Romapose e o Uivos – para pacificá-los, mas "fracassa em sua tentativa de reconciliar esses opostos conflitantes". Desiludida, a menina-nuvem chora, liquefaz-se em lágrima (ou chuva) e desaparece no rio.

Mais adiante (fragmento 21) ve-la-emos ressurgir, evocada na palavra "noveletta".

FRAGMENTOS 7 E 8

Estes dois fragmentos inserem-se no Livro I ("Livro dos Pais"), Capitulo VII – "Shem, The Penman" ("Shem, o Escriba", o "Homem--Pena"). Shem e Shaun ("The Postman", o "Carteiro), os filhos de ALP e HCE, encarnam princípios opostos em permanente embate dialético.

Shem é o escritor e uma "persona" do próprio Joyce. O fragmento 7 é um verdadeiro "Retrato do Artista em seu Domicílio". O domicílio, no caso, é um "Tinteiro Assombradado" (*Haunted Inkbottle*), situado ecumenicamente em "Ásia-d'Irlândia" (*Asia in Ireland*). A minuciosa descrição dessa casa é, para Harry Levin, "uma paródia devastadora do naturalismo". Em tom grotesco, auto-irônico, Joyce nos põe diante do problema da solidão e do orgulho luciferino do artista, da incompreensão que cerca os inovadores obsedados por suas pesquisas e aparentemente emurados nelas como num "intestinto fedornicho" (*stinksome inkenstink*). A "enumeração caótica" dos pertences de Shem é, em si mesma, um prodígio de humor linguístico e de sátira ao próprio ofício literário (o covil do "Homem-Pena" está "persamente literaturado de verborragem alfabetiforme"). Finalmente, Shem é identificado com Tumultus, filho do Trovão, o "dervixe remoinhante", permanentemente aterrorizado por um fantasma (alusão à obsessão do escritor e, ainda, segundo Campbell e Robinson, referência ao terror de Stephen Dedalus diante da trovoada, no episódio 14 – "Gado do Sol", do *Ulisses*). Shem está escrevendo o "mimstério de sivendo", ou seja, o Livro, *FW*.

No Fragmento 8, Shaun invectiva Shem (e o que se ouve é o lamento do autor, debruçado sobre si próprio). Harry Levin interpreta esta passagem da seguinte forma: "O parêntese encerra o clamor do grande escritor que chegou muito tarde. Nos tempos de Tuatha de Danaan, a tribo legendária que deixou a Grécia para colonizar a Irlanda e depois foi repelida para as montanhas por força das últimas conquistas dos Celtas, ele teria sido o Dagda, seu poeta, sacerdote e rei, cuja harpa encantava todos que a ouviam e cujo apetite equivalia a incontáveis porções de comida. Numa época em que as universidades são bombardeadas e os livros queimados, o confisco da edição inglesa proscrita do *Ulisses* pelas autoridades postais de Nova York é um augúrio do "arrasamento de todos os impostumes pelas chamas" Shem, o último dos bardos, semicego, e exilado durante muito tempo, remexe um caldeirão mágico no festim fúnebre da civilização. Seu "potpourri" internacional é preparado segundo uma receita irlandesa, com uma pitada de tudo o que ele leu ou escreveu. *Ulisses* fora composto com os mesmos ingredientes, mas *Finnegans Wake* é uma infusão mais rica. Os velhos temas do artista e da cidade combinam-se na figura do obreiro mítico, fundador de cidades. Dublin é apenas o endereço local da própria História. Por um supremo esforço, o artífice empenha-se na criação de sua própria linguagem". Note-se que, no penúltimo parágrafo, lançamos mão de uma expressão de gíria ("fogo na roupa") para tentar reproduzir o sentido de *"elbow--grease"* (expressão coloquial, significando "árduo trabalho manual"), que ocorre no texto joyciano: o que se quer indicar, é o esforço desesperado que "Shem, The Penman", põe, não obstante tudo, no preparo de sua caldeirada mágica; em última instância, uma colossal homenagem do exilado à sua terra natal, que o incompreendera.

FRAGMENTOS 9 A 14

Aqui estão seis trechos, inclusive o inicial e o final, do célebre diálogo das lavadeiras que "lavam a roupa suja" da vida de HCE e ALP (Capítulo VIII do Livro I do *FW*, também conhecido como "o episódio de ALP", ou simplesmente "Anna Livia Plurabelle", abrangendo as pp. 196 a 219 do original).

A cena é assim sintetizada por Campbell e Robinson: "Duas lavadeiras, enxaguando roupas nas margens opostas do Rio Liffey, comentam a vida de HCE e ALP. Cada peça de roupa lhes recorda uma história, que narram com um misto de piedade, ternura e irônica brutalidade. A principal narrativa apresenta ALP, na festa de seus filhos, procurando distrair a atenção do escândalo em que se envolveu o marido, oferecendo a cada um o augúrio do seu destino. O pensamento deriva das lembranças dos pais à nova geração de filhos e filhas. À medida que o rio se alarga e o crepúsculo desce, as lavadeiras vão perdendo contacto entre si. (N. dos T.: observe-se, no texto, o jogo de perguntas e respostas desencontradas, que sublinha o afastamento progressivo das protagonistas: "Como é! Você não foi pra casa? Que João José?"). Elas querem ouvir algo sobre os filhos, Shem e Shaun; a noite cai e elas se metamorfoseiam num olmo e numa pedra; o rio passa murmurando".

Já nos referimos ao tema das "sete filhas do arco-íris", presente no Fragmento 4 e reintroduzido agora no Fragmento 14. O processo de tematização empregado por Joyce compreende também a reiteração de frases ou cadências que adquirem a importância de um *leitmotiv*.

Uma das cadências marcantes, onde os temas de "'Anna Livia Plurabelle" e da recorrência do tempo (o "corso-ricorso" de Giambattista Vico) se interpenetram, é esta, do fragmento 14:

Teems of times and happy returns. The seim anew. Ordovico or viricordo. Anna was, Livia is, Plurabelle's to be.

(Tempos milhares e retornos melhores. De nove outro mês. Ordovico ou viricordo, Ana foi, Lívia é, Plurabelle será.)

que reaparecerá no fragmento 15:

Mammy was, Mimmy is, Minuscoline's to be. […]
The same renew.

(Mama foi, Mímia é, Minuscolina será. [...]
De noivo outra vez.)

Outra, que surge no Fragmento 10:

She was just a young thin pale soft sky slim of a thing, then, sauntering, by silvamoonlake.
(Ela era só uma tímida tênue fina meiga mini mima miga duma coisinha então, salitiritando, por silvalunágua.)

e retorna no Fragmento 22 (final):

Just a whisk brisk sly spry spink spank sprint of a thing theresomere, saultering
(Um ágil álacre lépido leve corre currículo curso d'algo galgures saltitando)

O episódio de ALP, como demonstra Fred H. Higginson (*Anna Livia Plurabelle – The Making of a Chapter*), foi longamente lapidado por Joyce, que entreteceu à primeira versão sucessivos acordes conotativos: referências ao ambiente fluvial, alusões topográficas e onomásticas, subsentidos eróticos etc. O resultado, conclui Higginson, é uma "técnica de mosaico" que o leitor deve fruir de uma distância focal adequada, como um quadro pontilhista de Seurat. Pode-se falar, também, numa "técnica de palimpsesto", ou ainda no uso de "sentenças polifônicas" (expressão de Margaret Schlauch). Um exemplo, do fragmento 9: *Or whatever it was they threed to make out he thried to two in the Fiendish park*. O texto primitivo do "palimpsesto" seria este: *Or whatever it was they tried to make out he tried to do in the Phoenix Park*. Nesta linha foram superpostos os numerais *two* e *three*. Tais algarismos se ligam, na mitologia joyciana, à falta cometida por HCE no Phoenix Park, ao espiar ou exibir-se a duas moças, fato presenciado por três soldados bêbados. Fiend = demônio, diabo: em português, as primeiras sílabas da palavra duende podem suscitar o número dois. Donde: *Ou que diabo foi que trentaram duescobrir que ele tresandou fazendo no parque de Duêndix*. Outro exemplo bem expressivo de "sentença polifônica" pode ser encontrado no Fragmento 14: *Lord help you, Maria, full of grease* (grace), *the Load* (Lord) *is with me* (you)! Na versão brasileira: *Lave* (Ave) *Maria, cheia de graxa* (graça), o *suor* (Senhor) *é conosco* (convosco)! Numerosos nomes de rios – cerca de 800 – estão camuflados semanticamente no texto, o que obrigou os tradutores, num jogo de perde-ganha, a compensarem, com as variantes cabíveis, os trocadilhos fluviais. Assim, no Fragmento 9, temos, por exemplo, no texto original, o rio Saale (*saale*, por "soil", sujar), o Ganges (*gangres*, sugerindo *gangrenes*) e o Dnieper (*dneepers*), representados por "saalpique", "gangerenas" e "dniepers" na tradução brasileira; introduziram-se nesta, à maneira joyciana, rios diversos, como os brasileiros Cricou e Dji (em *djiabo*), o búlgaro Struma (em *costruma*) e o angolano Cacolavar, alguns dos quais, sem qualquer alteração gráfica, adquirem conotações sugestivas no contexto. Para que se tenha idéia das complexidades que podem atingir essas comutações verbais, damos uma listagem, a mais completa que nos foi possível apurar, dos nomes de rios encontráveis no texto original do fragmento 9, seguida pela série equivalente na tradução (incluindo, conforme indicado, alguns outros acidentes geográficos conexos), assim como a relação dos rios que o original e a versão têm em comum:

Texto original: Cheb, Futa, Repe, Blackwater, Wick, Steeping, Upa, Stupia, Heart, Saale, Duddon, Battle, Moldau, Dnieper, Ganges, Sendai, Fier, Illisos, Tom, Till, Roughty, Loo, Elde, Wiesel, Rat, Derry, Gard, Garda (lago), Elster, Qu'apelle, Ur, Merrimak, Bann, Duck, Drake Creek, Line, May, Pasmore, Oxus, Don, Pelican, Tin, Delvin, Devlin, Sabrina, Deva, Adda, Min, Quagua, Waag, Grass, Ant, Ore, Arques, Tili, Tilt, Gran, Pheni, Pigeon, Marchan, Suie, Riss, Pilcomayo, Saskatchewan, Whale, Swift, Seba, Solomon, Ruhr, Spree, Boyarka, Bua, Bojana, Buëch, Erne, Lille, Trader Beck, Winterbourne, Havel, Syr Darya, Bhader, Salso, Chambal, Chu, Oise, Gota, Yssel, Limmat, Negro, La Plata, Ladder, Connewango Creek, Sina, Santee, Asse, Emme, Reuss, Cher, Honddu, Jarkon, Shari, Ebro, Skollis,

Cocytus, Cox, Sake, Botlettle, Loa, Windau, Wu, Meuse, Ribble, Reedy, Derg, Bogan, Bandon, Sure, Fiddown, Dee, Bow, Tista, Suck, Moa.
Tradução: Mali, Cricou, Lavagna, Saale, Leven, Abbai, Dji, Bann, Cam, Somme, Struma, Cacolavar, Stupia, Lempa, Mellégues, Lodon, Dnieper, Ganges, Reno, Sendai, Piave, Tempisque, Fier, Tombo (lago), Tampa (baía), Semeni, Tramore (baía), Elaver, Capoche, Ebro, Rat, Orenoco, Derry, Cork, Gard, Garda (lago), Qu'Appelle, Caconde, Ur, Merrimak, Big Horn, Anseba, Casanare, Volga, Volta, Nene, Omme, Don, Pelican, Debo (lago), Sabrina, Sivale, Delvin, Deva, Tone, Sambre, Stir, Tunga, Marne, Maner, Provo, Barcoo, Terter, Caribou, Gran, Pheni, Mijares, Sarre, Temo, Pur, Raba, Camel, Ohre, Colville, Pilcomayo, Lambari, Apure, Apurimac, Segre, Esk, Cuando, Svir, Solimões, Solomon, Rulir, Quagua, Bocq, Boyarka, Bua, Bojana, Kara, Karakoro, Spey, Salor, Tista, Havel, Molucas (mar), Salso, Chambal, Chu, Tilt, Betsiboka, Yssel, Finn, Limmat, Negro, La Plata, Gin Ganga, Ladder, Kapiska, Sina, Sante, Jarkon, Honddu, Longa, Enns, Ebro, Skollis, Suck, Lonja, Balombo, Meuse (Mose), Lambayaque, Dindi, Bandon, Tocuya, Salza, Arques, Nera, Nadym.
Comuns: Stupia, Saale, Dnieper, Ganges (Reno), Sendai, Fier, Misos, Rat, Gard, Garda, Qu'Appelle, Ur, Merrimak, Bann, Don, Pelican, Sabrina, Delvin, Gran, Pheni, Ruhr, Quagua, Arques, Tilt, Pilcomayo, Havel, Boyarka, Bua, Bojana, Salso, Chambal, Chu, Yssel, Limmat, Negro, La Plata, Ladder, Sina, Honddu, Jarkon, Ebro, Skollis, Meuse (Mose), Bandon, Tista, Suck.
Dentre outras referências, quase todas associadas ao hidrorama joyciano, nesse mesmo fragmento, assinalem-se:

Reeve Gootch, Reeve Drughad (Riba Coxa, Riba Drogueta) – Rive Gauche, Rive Droite. Drogheda Road – ferrovia de Dublin.
Fort Qu'Apelle – cid. Canadá.
Derry, Cork (corkorvo), *Galway* (galovelho) – capitais de condados irlandeses.
urga (Urgothland) – rio, córrego (em letão).
Kattegat – estreito (Dinamarca).

Concord – cid. Dos EUA (New Hampshire) junto ao rio *Merrimack*.
Don Domdomb – Don = nome de vários rios; *Dom* – nome de um pico da Suíça; *Les Dombes* – área lacustre perto de Lyon; *domb* = colina (em húngaro).
folyó = rio (em húngaro).
Bolinaos (na versão) – cabo das Filipinas.
Havemmarea – *hav*, *havet* (din., nor., sueco) = mar; *haven* (ing) = porto: *Havel* – r. da Alemanha; *ea* = rio (em tailandês).
shür – salina (em persa).
badher as him herself – *Bad Herslefeld* – cid. da Alemanha.
sina feza – eu não tenho dinheiro (em idioma kiswahili).
Moher – penhascos do Condado de Clare (Irlanda).
Moat – cidade da Irlanda.

No Fragmento 10 é possível distinguir no texto em inglês, logo de inicio, uma enxurrada de rios como Cam, Camling (*camlin*), Neckar (em trocadilho com ("nectar" e "nacre"), Dive (*diveline*), Tapti (*tapting*), Jutaí (*jutty*), Pietar (*pietaring*), Clyde (*clyding*), Waihou (waiwhou = Waihou + who), Thur (thurever, por "that ever"), Huebra (whuebra, por "whoever"), Tilar, Sauldre, Salor, Pieman, Peace (a linha toda, *Tinker, tilar, souldrer, salor, Pieman Peace or polistaman*, alude à canção infantil "Tinker, tailor, soldier, sailor, rich man, poor man, beggar man, thief"). A tradução enxerta, correspondentemente, Cam (por "como"), Neckar, Tocantins (*tocantando*), Teng (*tengtando*), Tapti (*taptinhando*), Tangararé (*tangararelando*), Paquequer (*paquequerando* = Paquequer + paquerando), Pantanari (*pantanarriachando* = pântano + Pantanari + riacho), Maranoa, Si-kiang, Allegheny (por "alguém"), Comoe (*comoequer*), Lanh (*lanhador*), Finn (finnileiro), Sola (*soladado*), Porce (*Porceiro*), Pietar (*pietareta*), Pao (*paolicial*), por "lenhador, funileiro, soldado, porqueiro, picareta ou policial"), com os dois últimos trocadilhos aludindo ainda aos primeiros séculos do Cristianismo, nas figuras de Pedro e Paulo, como o faz, também, algumas linhas antes, o texto original (*palling in and pietaring out*). Aqui vão as listas completas, ambas com mais de uma centena de rios:

Texto original: Cam, Camlin, Neckar, Dive, Font, Tapti, Jutai, Pietar, Clyde, Waihou, Thur, Huebra, Tilar, Sauldre, Salor, Pieman, Peace, Polista, Elwy, Esk, Vardar, Arc, Fidaris, Doubs, Niernen, Nile, Nuanetzi (*reservatórios ocidentais do Nilo*), Tez, Telon, Langlo, Loon, Wabash, Sid, Huon, Wolf, Blyth, Ofin, Jumna, Silva, Foss, Sankth, Neath, Tigris, Corrib, Acheron, Nula, Asat, Robec, Liffey, Lesse, Lagos, Dove, Duna, Sarthe, Suir, Finn, Mourne, Nore, Bloem, Braye, Moy, Divatte, Colne, Neva, Narev, Nen, Nonni, Nos, Ow, Avoca (Ovoca), Ystwith, Yokanka, Yukon, Dell, Ferse, Dinkel, Dale, Lugg, Lava, Derg, Juna, Juny, Oso, Nance, Escaut, Sycamore, Singimari, Struma, Vaucluse, Lucy, Orange, Arrone, Mavri, Maas, Mesha, Simba, Ogi, Thurso, Lippe, Acis, Kushk, Nive, Neva.

Versão: Cam, Vedea, Dendre, Neckar, Font, Maranoa, Xingu, Teng, Tapti, Tocantins, Tangararé, Paquequer, Pantanari, Maranoa, Si-kiang, Aar, Allegheny, Comoe, Lanh, Finn, Sola, Porce, Pietar, Pao, Kiso, Ufa, Upa, Moa, Daca, Arc, Cuando, Fidaris, Avoca, Niemen, Nilo, Nuanetzi, Minho, Cross, Lulongo, Lobo, Morava, Cuanza, Cuango, Cuao, Mannu, Ghod, Min, Silva, Ruhuhu, Foss, Shkumb, Tigris, Corrib, Aqueron, Nula, Tenna, Robec, Liffey, Douro, Lesse, Lagos, Amur, Duna, Mourne, Nore, Bloem, Braye, Divatte, Moy, Colne, Gâmbia, Neya, Narev, Nen, Nonni, Nos, Ow, Avoca (Ovoca), Elster, Ystwith, Yokanka, Lava, Juna, Juny, Aguán, Nance, Escaut, Sycamore, Singimari, Lucy, Vaucluse, Loire, Orange, Arrone, Indo, Mavri, Maas, Lulua, Ardila, Mesha, Simba, Ogi, Calder, Aviso, Nive, Neva, Nure, Ora.

Comuns: Cam, Neckar, Font, Tapti, Finn, Pietar, Kiso, Arc, Fidaris, Niemen, Nilo, Nuanetzi, Silva, Foss, Tigris, Aqueron, Corrib, Nula, Robec, Liffey, Lesse, Lagos, Duna, Mourne, Nore, Bloem, Braye, Moy, Divatte, Colne, Neya, Narev, Nen, Nonni, Nos, Ow, Ovoca, Yokanka, Ystwith, Lava, Juna, Juny, Nance, Escaut, Sycamore, Singimari, Vaucluse, Lucy, Orange, Arrone, Mavri, Maas, Mesha, Simba, Ogi, Nive, Neva.

Mais algumas alusões significativas para a compreensão do texto:

til havet – para o mar (em dinamarquês).

Grattan – Henry Grattan (1748-1820), político irlandês que lutou por um parlamento autônomo e outras reformas. (A. Glasheen).

Flood – Henry Flood (1732-1791), estadista irlandês, ligado a Grattan.

Nieman – ninguém; Nirgends – em parte alguma; Albern – tola (em alemão).

anse (*Anser*) – baia, enseada (fr.).

the Curragh of Kildare – local de corridas de cavalos, na Irlanda.

Wicklow (*Wickenlow*), capital de condado irlandês, conhecida como "Garden of Erin".

Nos – cabo (em norueguês).

Manon l'Escaut (*Nanon l'Escaut*) – personagem feminina, *femme fatale*, do romance do abade Prévost (1731). ópera de Puccini (1893).

Sycamore (sicamores) – rua de Dublin

Cullin e *Conn* – lagos da Irlanda.

Collin – cidade da Escócia.

Leandros – Leander Boat Club, Londres.

Wasut? Izod? (*Was Ist? Isolde?*) – Palavras iniciais do libreto de *Tristão e Isolda*.

Vaucluse (*vauclose*), fonte de onde nasce o rio Sorgue, na Provença.

Mavra (*Mavro*), ópera-bufa de Stravinski, onde um cossaco se disfarça de cozinheira (*Mavra*) para encontrar-se com sua amante.

Sinbad, o Marujo (*Simba*), personagem das *Mil e Uma Noites*.

Arrah-na-Pogue (*Anna na Pogue*), ou Nora – personagem de uma peça do teatrólogo irlandês, Dion Boucicault (1822-1890).

No Fragmento 11, "estamos subindo o curso do rio Liffey até suas nascentes nos montes Wicklow" (Campbell e Robinson). Notar o aportuguesamento de alguns nomes próprios e topônimos, respeitado o clima semântico do texto: *Barefoot Burn* / Riachão Pé-no-Chão; *Wallowme Wade* / Vencevau Vasalama; *Lugnaquillia* (pico de monte) / Lunhácquila; *Chirripa-Chirruta* / Chipita-Chichupa; *Kipurre* (pico de monte) / Kempurra; *Devil's glen* (Despenha do Demo); *Sally* (*Sally*

Gap, passo de montanha) / Sally *Guapa* (Apa: nome de rio). Também ocorrem figuras mitológicas e personagens de ficção: *leada laida* / ledaída (Leda e o Cisne / *Cygnet*, cisnúnculo) e Aída (heroina da ópera de Verdi); *Hawthorn* é um caso mais complexo: significa "espinheira de flores brancas", mas encobre o nome do romancista Hawthorne, autor de *Scarlet Letter*, título ao qual se refere o termo *blushing* (enrubescendo). Daí o trabalho de restauro, que levou à inclusão de "rubescentes violetas escarlates".

No Fragmento 12, comparecem no trecho traduzido os rios Teviot (*treviotes*), Sampna (*ensampunou-se*), Saar (*saargila*), Istaneh (pistâneha), Wupper (*wuppersupra*). Lauar (lauarbaixo), Vesle (*veslugas*), Véser e Vézère (*anvéseres*), Itchen (*nítcheos*), Tersa (*mantersa*), Usch (*pulveruschou*), Escamandro (*escamândulas*), Rhin, Reno (*rhinbombantes, renanorrócheas*), Ruhr (*ruhrbis*), Ister (*bíster*) Eder (*olhiedéreo*), Loire (*boudeloire*), Mississipi (*Mrs. Sépia*), Moselle (*tremoselles*), Tala (*estralas*), Zambeze (*Zé zambezando*). Incluídos no jogo, nomes de rios portugueses e brasileiros: Douro (*derredouro*), Téjo (*atéjo*), Tocantins (*tocantina*), Lucefece (*lucefecem*). Notar que Fluss (*flússeres*) significa "rio" em alemão.

Esse fragmento é a cena do banho e toalete de Ana Lívia. Ela aparece sob um pseudônimo russificado que parodia o nome da bailarina Ana Pavlova e lhe acrescenta o designativo "filha de Lutécia" (nome antigo de Paris). É ela a ama *Mrs. Sépia* (no original, *missus seepy*), que, terminando de fazer a sua toalete, envia suas aias (gaias), as tremoselles de nome de cereja (*Cierejia* e *Kirschie*) – duas das "sete filhas do arco-íris", certamente, – a seu esposo, com uma petição dirigida a Sua Afluência: ALP deseja sair para um rápido passeio. Alega razões inocentes (*uma chamada a dar*, acender uma vela numa capela em *Arrozoy-no-Brie*), mas o seu compromisso parece ter algo de proibido, pois, como repara Higginson, há uma atmosfera de perigo erótico circundando Ana, anunciada pela nota cromática *extra violates* ("extra violádeos"). HCE é evocado no final do excerto pelas palavras *lumpen* e *back*, que aludem ao corcunda (*hunchback*) Humphrey Chimpden Earwicker, uma de suas encarnações. *Lump*, em inglês, significa o mesmo que *hump*: protuberância. Em alemão, *hump* quer dizer "tratante", "velhaco", *Lumpenpack*, por seu turno, seria literalmente um saco de trapos ou de coisas sem valor, lembrando-nos a corcova de HCE e as culpas que ele carrega às costas. Na tradução, usou-se "gibante" (giba + chibante + gigante, esta última palavra alusiva a Finn, o gigante da lenda, que é HCE em seu aspecto épico). Enquanto o gibante dá de ombros (*dá de lombos*), Ana Lívia exsurge de seu banho, de sua baixia (*bacia* + *baixios*), com sua *malalodagem a viracolo*, ou seja, sua *mealiebag*, sua mochila de alimentos – "matalotagem" que é também a "mala postal" roubada ao filho carteiro, Shaun, the Postman, e um saco-mixórdia (*mêléebag*) de presentes-augúrios para os filhos-filhas. Higginson detecta, em *boudeloire*, uma alusão a Baudelaire; o cultor das "correspondências" sinestésicas pode muito bem ser o inspirador mais remoto das correlações fluviais deste capítulo*.

Embutidos no texto do Fragmento 13 encontram-se os seguintes nomes de rios, na ordem em que aparecem:

Original: Kennet, Taling, Root, Cher, Ashley, Fie, Saône, Senne, Erewhon, Clogh, Hurd, Ache, Ping, Pongo, Belle, Pang, Godavari, Vert, Thaya, Aman, Derwent, Joss, Joseph, Mutt, Wharnow, Alle, Shannon, Yangtze, Manzanares, Loup, Orara, Orbe, Las Animas, Ussa, Ulla, Umba, Mezha, Ufa, Dee, Irrawaddy, Stoke, Aar, Lethe, Orinoco, Finn, Joachim Creek, Otter, Yonne, Isset, Horse Creek.

Versão: Colorado, Pó, Fie, Saône, Seda, Sena, Otra, Ache, Ping, Pongo, Belle, Pang, Ord, Godavari, Vert, Omme, Oven, Volta, Douro, Joss, Joseph, Alle, Sharmon, Yang-tse, Letes, Loup, Galey, Volga, Orara, Orbe, Pur, Las Animas, Ussa, Ulla, Umba, Mezha, Ufa, Irrawaddy, Stoke, Aar, Somme, Orinoco, Emba, Finn, Joachim, Escalante, Horse, Lontras, Uele, Yonne, Isset, Jataí, Atrato, Ofanto.

Adaline Glasheen fornece a chave de vários dos personagens referidos no texto: *Brendan*, herói irlandês de uma viagem lendária

---

* Para a transposição dos fragmentos 7 e 12, Haroldo de Campos teve a oportunidade de discutir algumas de suas dificuldades e soluções com Hélène Cissoux, autora de *L'Exil de James Joyce* (Grasset, Paris, 1968), e registra aqui seus agradecimentos pelas sugestões recebidas.

pelo Atlântico; *Biddy*, Bridget, Brígida, uma das santas padroeiras da Irlanda (mas também Biddy, uma das mulheres que participam da baderna relatada na "Balada do Velório do Finnegan"); *Hengest* e *Horsa*, irmãos que lideraram os primeiros invasores da Inglaterra; *Finnlíder*, Finn MacCool, o herói-gigante mitológico irlandês e Adam Findlater, irlandês que restaurou a capela presbiteriana de Dublin, em Parnell Square (Findlater's Church), no século XIX; *Pepper*, ilusionista que expunha "fantasmas" feitos com espelhos e lanterna mágica (o texto alude ao livro *The White Horse of the Peppers*, do escritor irlandês Samuel Lover). *Deataceas*, ainda segundo Glasheen, contém uma referência a Dea Tacita, divindade adorada em Roma, ligada ao culto dos mortos. Mas é possível entrever aí o vocábulo grego *diatassis, eos*, que significa "distensão", "dilatação", "disputa", ou ainda, "tensão (da voz)".

Referências à topologia dublinense: *Waterhouse Clock*, o relógio de Waterhouse, sinalizava em Dublin a firma Waterhouse and Co., joalheiros e fabricantes de relógios. *Fallarees Commons* é o nome de um local do rio Liffey. *Astley's Amphitheater* foi um circo equestre local, depois usado para abrigar mulheres cegas.

A seguir, algumas outras alusões, mais ou menos crípticas, do repertório joyciano.

A *Belle de Sexaleitos* (Sexaloitez, no original). O "Sechselauten" é o festival anual da primavera em Zurique, com certas características de carnaval. A palavra significa, em alemão, que os sinos tocam (*lauten*) às 6 horas (*sechs*). *Belle* (abreviação de Isabelle, ou Issy) sugere em inglês tanto uma mulher bonita como um sino (a tradução introjeta ambos os significados: "*Si no é a Belle* de Sexaleitos!"). A expressão-tema, que reaparece diversas vezes, em variantes, no *FW* (e se liga ao delito sexual incestuoso cometido por HCE e presenciado por seis testemunhas), é esmiuçada por Fritz Senn em "Some Zurich Allusions in *FW*" (*The Analyst, xix*, Northwestern University, dezembro de 1960). Assinala Senn que o registro da hora responde à pergunta contida em *Fieluhr* (do alemão *wieviel Uhr?* "que horas são?", superposto a *fiel er?*, "ele caiu?") e a uma alusão à fidelidade (*fiel?*) de HCE. A palavra *filou*, que ecoa a anterior, também sugere crime (*filou*, do francês, "ladrão", e *philos*, do grego, implicando "amizade" ou "amor").

O original contém, disseminadas, várias outras palavras alemãs, anotadas em *A Lexicon of the German in FW*, de Helmut Bonheim), como *kennet*, de "kennen", conhecer; *Bach*, arroio; *Der went*, de "der Wind", o vento; *Mutter*, mãe; *Wharnow*, "Warne" (rio); *main*, "Main" (rio); *ufer*, "Ufer", margem (do rio); *respund*, de "Spund", batoque, tampão; *irrawadding* e *forehengist*, onde se pode ler "irr" (louco), "Reh" (gamo) e "Hengst" (corcel).

Onipresentes, como sempre, os temas-personagens afloram aqui e ali em metamorfoses léxicas.

No Fragmento 13, Icis, associada a Issy e ALP, nos remete a Ísis (a Lua na mitologia egípcia), que recolhe o corpo despedaçado do seu marido-irmão Osíris, o qual, por sua vez, se associa ao gigante Finnegan, cujos "disjecta membra" se espalham pela topografia de Dublin. *Etrurian Catholic Heathen* (Herótico Católico Etrusco) e *Hircus Civis Eblanensis* sinalizam a presença de HCE. Os quatro velhos – Matthew *Gregory*, Mark *Lyons*, Luke *Tarpey* e Johnny *Mac Dougal* – acompanhados de um burro cinzento, pervagam como sombras errantes pelo *FW*: são identificados aos 4 Evangelistas, às quatro províncias da Irlanda, aos 4 pontos cardiais, aos 4 ventos, às 4 dimensões, aos 4 elementos, às 4 partes do corpo humano segundo Paracelso, às 4 eras clássicas, às 4 idades do homem, às 4 estações, aos 4 julgadores de HCE etc.

Dentre as muitas alusões do texto, anotem-se as seguintes, apontadas por Adaline Glasheen, na frase *marthared mary allacook, with Corrigan's pulse* ("martritizada Maria alacuca, com palpitações de Corregan"): Alacoque, Sta. Margueritte Marie = freira francesa (1647-1690), que estabeleceu o culto do Sagrado Coração; aqui associada com Marta e Maria. Corrigan, D. J. = médico irlandês que descobriu a doença denominada "palpitação de Corrigan". Na tradução usou-se uma palavra-"portmanteau", *martritizada* (marta + artrite + martirizada), e *Corregan*, que introjeta mais um fio associativo (córrego) na trama semântico-fluvial do capítulo. Outras alusões, detectadas em *Annotations to Finnegans Wake*, de Roland McHugh: *Maddammangut* – ópera *La Fille de Madame Angot*, de Alexndre-Charles Lecocq (1832-1918). *Carrigacurra* – cidade junto ao Liffey, onde Conway tinha uma cantina. *Collars and Cuffs* – apelido do Duque de Clarence. *Rathmine* – distrito de Dublin.

Finalmente, na tradução deste último fragmento de "Anna Livia Plurabelle" foram imbricados os rios Son (*sonsa*) Limpopo (*limpoopó*), Escamandro (*Scamandra*), Douro, Zezere, Juba (*subjuba*), Lyons, Gregory, Kistna, Garry, Neva (*névea*), Valley (*viavale... valemedeus*), Eo (*Eu*), Indo, Lune (*melilúnio*), vários deles a partir do original, onde se dissumulam, ainda, ardilosamente, entre outros, os rios Hamble, Me Nam (*meanam*), Pharphar, Nyar, Bubye, Evenlode, Towy, Biferno (Befor! *Bifur!*), Moose (My foos won't *moos*).

A única gravação que James Joyce fez do *Finnegans Wake*, registrada em 1924, abrange, precisamente, lidos sem interrupção, os fragmentos 13 e 14. Na voz de Joyce, que interpreta com impecável humor e extraordinário virtuosismo a gíria e os malapropismos das lavadeiras irlandesas, o texto adquire inesperada clareza e uma surpreendente gama de tonalidades, a culminar na entonação ascendente da última palavra – Night! –, memorável invocação da noite fechando a fala riocorrente de "Anna Livia Plurabelle" e do seu criador. A magistral encarnação sonora do texto, primeiramente divulgada em 1951, em edição restrita (v. Bibliografia), foi depois registrada no LP *James Joyce reading "Ulysses" and "Finnegans Wake"* (discos Caedmon TC 1340), 1970, e apareceu novamente, remasterizada, em cassete (James Joyce reads, HarperCollins Publishers, 1992). É também impressionante a performance de Siobhan McKenna, que interpreta quase todo o capítulo no LP *James Joyce - Finnegans Wake, Siobhan McKenna and Cyril Cusak reading Anna Livia Plurabelle & Shem the Penman*, Caedmon, TC-1086, 1959, gravação recentemente incluída no audio--livro (em cassete) "The James Joyce Audio Collection", Harper Collins Publishers, 1992).

FRAGMENTO 15

O episódio se insere no Livro II ("O Livro dos Filhos"), Capítulo I ("A Hora das Crianças"), do qual Eugène Jolas, em "Elucidation du Monomythe de James Joyce" – um "review" do livro de Campbell e Robinson, publicado na revista *Critique*, de julho de 1948 – faz o seguinte resumo, haurido na interpretação dos dois famosos exegetas do texto joyciano: "Assistimos agora a um jogo infantil, no caminho que passa diante da taverna. É uma imagem da repetição dos "eons": os meninos caminham pela Estrada de Vico (existe uma verdadeira "Vico Road" nos arrabaldes de Dublin, em Chapelizod) competindo entre si num jogo intitulado "os anjos e os diabos". É uma pequena peça burlesca que se passa no Teatro de Phoenix e os seus participantes são Glugg (Shem), Chuff (Shaun), Izod (Isabelle), enquanto Hump (HCE) e Ann (ALP) os observam de sua casa. O jogo começa com Glugg procurando por três vezes lançar-se a aventuras fadadas ao fracasso: primeiro num jogo de charadas, em seguida na redação da um bilhete amoroso e por fim num gesto que põe sua mente em contacto com a "casa dos suspiros". Cada um de seus insucessos resulta numa dança triunfal por parte das meninas (as 28 amiguinhas de Isabelle) e Shem se enche de raiva. Então repete a si próprio os três votos: o silêncio, o exílio e a astúcia – *silence, exile and cunning* do *Retrato do Artista*. Depois se arrepende. Mas confessa os pecados de seu pai e de sua mãe em vez dos seus próprios e, finalmente, se entrega a pensamentos luxuriosos. É então que aparece o seu irmão-inimigo, atira-se sobre ele e se engalfinham até que a voz do pai os chama para casa. Este capítulo, cujo movimento está impregnado de uma juvenilidade e de uma alegria alucinantes, contém numerosas referências à própria vida de Joyce, à sua revolta contra Dublin, a toda a paisagem folclórica de sua infância".

A cena da "pobre Isa" vem depois dos sucessivos fracassos de Glugg (Shem), seu namorado. Ela chora o insucesso e a perda de Glugg, mas se alegra com a perspectiva de um casamento futuro com um novo fã, e acaba reunindo-se à dança geral das garotas, ao redor de Chuffy (Shaun), aclamado vencedor.

Isa... I solde (na tradução: Isa... i sola... isolteira): variantes de Issy, Izzy, Isabel ou Isolde, filha de HCE e ALP. Segundo Adaline Glasheen (*A Census of Finnegans Wake*, p. 16), *Isa* proviria de Isa Bowman, atriz infantil, amiga de Lewis Carroll, e que pela primeira vez fez o papel de Alice na versão dramática de *Alice no País das Maravilhas*.

Sôbre a personagem Issy observa Adaline Glasheen (ob. cit., pág. 61): "Issy é associada às sete meninas do arco-íris nas quais HCE gastou sua força antes de casar-se com Ana Lívia; e com as 29 meninas do ano-bissexto (*leap-year girls*); é Nuvoletta, que tinha "miríades de pensaventos". Mas acima de tudo ela e o "reflexo de sua irmã" no espelho são as duas garotas que levaram HCE à sua queda no Phoenix Park. Todos os pares de "tentadoras" no *FW* são estas duplicadas Issy – as Maggies, Stella e Vanessa, as Jinnies, as Gunnings etc.. Issy, pois, é Eva, a tentadora, enquanto Ana Lívia é Eva, a mãe." Atento às variantes de Issy, e ao processo de montagem léxica joyciano, o tradutor aproveitou a utilização da palavra *esvanecendo* para uma alusão a *Vanessa* que, embora inexistente na frase traduzida, se justifica no contexto geral. "Stella e Vanessa – Esther Johnson e Esther Vanhomrigh, as duas donzelas com as quais Swift se envolveu tão obscuramente", são referidas dezenas de vezes no *FW*, havendo entre as alusões algumas de forma semelhante à adotada na tradução: *vanessance* (171), *vanesshed* (427) – cf. Adaline Glasheen, ob. cit., pp. 123-124.

Clare é um condado da Irlanda.

FRAGMENTO 16

Ao mesmo Livro e Capítulo do fragmento anterior pertence este trecho que descreve o cair da noite, enquanto as crianças fazem seus jogos frente à taverna de HCE, no Phoenix Park. As crianças são chamadas de volta à casa, pois começa a escurecer e logo o lobo estará rondando. A cena tem uma coloratura zoomórfica. Joyce imbrica no texto nomes de bichos e insetos. Daí, na tradução, soluções como *circunvelopardos* (envelopados / velo pardo / leopardos), *urubscuridade* (urubu + escuridade), *travetsetseiro* (travesseiro + mosca tsé-tsé) e trocadilhos como *garças tácitas* (por "graças tácitas"). Há também referências ao lobo Isengrim, às fábulas de Grimm e à arca de Noé. *Nancy* é um dos nomes da onímoda Ana Lívia. Leon Edel (*James Joyce – The Last Journey*) observa que Joyce costumava passear pelas vizinhanças do Jardim Zoológico de Zurique e que este fragmento traz reminiscências desses passeios, pois o autor do *FW* teria procurado reproduzir nele "os sons animais esmorecentes na noite prestes a cair". Nota Edel, ainda, o paralelismo entre este "noturno do Phoenix Park" e o cair da noite no episódio das lavadeiras junto ao Liffey (Fragmento 14). Uma comparação entre a técnica desta passagem e o processo de metamorfose linguística da história "Meu Tio, o Iauaretê", de Guimarães Rosa, encontra-se em *Metalinguagem*, de Haroldo de Campos (Editora Vozes, Petrópolis, 1967; *Metalinguagem e Outras Metas*, Perspectiva, 1992).

FRAGMENTO 17

Segundo David Hayman, trata-se – neste excerto e seu contexto – de um longo tratamento parentético de Shem the Penman (a personagem que encarna o próprio Joyce – "Homem-Pena"), envolvendo, também, os aspectos da eterna batalha entre Shem e Shaun the Postman, os dois irmãos, em um dos muitos auto-retratos caricaturais de Shem the Penman.

FRAGMENTO 18

De acordo com David Hayman, a cena desse fragmento é configurada por nomes e vozes de pássaros, evocando o Jardim do Éden e o encontro do primeiro casal humano. Joyce, conforme seu método palimpsético de sobreposição de palavras, entremeia na linguagem nomes ornitológicos e vocábulos que indicam os gritos desses mesmos pássaros ("trinfar", por exemplo, é, em português, o grito da andorinha).

FRAGMENTO 19 A 21

Pertencem estas passagens ao Capítulo IV: HCE e ALP – "Seu Leito de Julgamento" – do Livro III: "do Povo". Os 4 Velhos Inquisidores sentam-se ao redor da cama do casal HCE-ALP. Todo o mundo dorme. Os gêmeos Jerry e Kevin. A filha Isobel. Um grito de Jerry (Shaun), por causa de um pesadelo, faz os pais se levantarem. Depois retornam ao leito e se abraçam. Sombras projetam no cortinado a "fornicopulação" de HCE e ALP. Desaparecem as sombras, os esposos adormecem.

Os Fragmentos 19 e 21 contêm a mesma descrição, sob perspectivas diversas, da filha de HCE dormindo.

No Fragmento 19, "infantina Isobel"... "irmã Isobel"... "Saintette Isabelle"... "Madame Isa Veuve La Belle"... "Isobel" ... nada mais são do que aparições e variantes de *Issy*. A "infantina Isobel" é a filha de Earwicker, Isabel, mas ao mesmo tempo, Madame Isa Veuve La Belle, ou seja, a própria esposa-viúva de HCE, à qual incumbe recolher os destroços do marido despedaçado e curá-lo.

No de nº 21, vemos Issy, na "persona" infantil de little Buttercup com seu espelho (signo do tema das irmãs duplicadas – Alice no-País-dos-Espelhos) e sua boneca. *Buttercup* = espécie de ranúnculo: trocadilho desenvolvido na *linha a gracecup filled with bitterness*, sendo *cup of bitterness* = taça de amargura; há ainda ecos de *butterfly* (borboleta) e *butter* (manteiga). Em português, usou-se outra chave: deu-se a *Buttercup* o nome de *Amargarina*, que, aliás, está em consonância com importante personificação juvenil de Ana: *Margareen* – pp. 164/166 –, que é disputada pelos dois irmãos *Burrus* e *Caseous* (*Brutus* e *Cassius* + *butter* & *cheese*; *beurre*, em francês = manteiga; *caseus*, latim, para queijo), naturalmente, projeções de Shaun e Shem.

Cunnina, Statulina e *Edulia* são deusas romanas. Esclarece Adaline Glasheen ("Out of my Census", in *The Analyst* – nº XVII – editado por Robert Mayo, Northwestern University): "A primeira protege os berços; a segunda é a forma feminina de um deus a quem eram feitos

sacrifícios quando as crianças aprendiam a ler; a terceira pode ser um equívoco por Edúlica, a deusa que, sustentava as crianças desmamadas com alimento".
    Em *Stèle pour James Joyce*, p. 77, Louis Gillet comenta este trecho, acentuando que nele se revelam "o prodigioso demônio verbal", o repertório de conhecimentos, o ouvido musical e o infatigável humor de Joyce. Assim o interpreta o crítico francês: "Charis é o nome grego de Graça, e atua como eco para o suave vocábulo italiano (ou do latim litúrgico) que é *carissima*. *Lilybitt* é uma contração de *little bit* e de *lily* (N. do T.: é também um trocadilho com *Lilliput*, evidentemente) onde entra a ideia do lírio e aquela de "uma coisinha de nada", um gesto delicado para afastar, com precaução, sem acordar a criança, sua camisa da garganta. *Virginelles* é um nome forjado, uma criação nova para descrever um peito virginal, como se fossem necessárias cores nunca antes usadas para, pintar tanta suavidade: o plural feminino, os dois LL líquidos evocam as redondezas gêmeas. Por si só, essa palavra é uma maravilha plástica. Depois as sedosas sílabas seguintes, suspensas, destacadas pelas vírgulas, com suas consoantes que deslizam, tôdas em *s* e em *th*, indicam um sopro, uma carícia mais rápida que um beijo. (Creio que além disso se insinua aqui uma reminiscência de uma prática dos Sufis, místicos e ascetas persas, e de uma crença muçulmana na infusão do Espírito-Santo). Então, no sono, a menina dormindo faz um gesto vago, como se ela fosse apanhar no ar uma môsca (*moth*) aqui tornada *myth*, por alusão à fábula de que acabo de falar; *graps* (em lugar de *grasp*) pinta o movimento desajeitado da beleza adormecida. *Ghost sake* (por *God's sake*) exprime uma nuance do mesmo gênero, onde se introduz a noção do espiritual e do sagrado. A última linha (*it is dormition*) conclui o pequeno quadro com uma nota solene, que faz pensar num mosaico de Daphni."
    Adaline Glasheen aponta diversas implicações míticas e históricas em *Lilybitt*, palavra associada a figuras como *Lilith*, vampiro feminino judaico (do hebreu *Lilatu* = noite); *Lily* de Marney; a mulher de Margrath etc. (cf. *A Census of Finnegans Wake*, p. 74).
    Notar, por fim, a alusão faceta ao *Decameron*, de Boccaccio.

O Fragmento 20 é a primeira "tomada" da "fornicopulação" de HCE e ALP. O ato é presenciado, de 4 ângulos diferentes, pelos 4 julgadores: "*Cena muda I.* Primeira posição de harmonia (visão de Matthew): close up; vista de lado. *Cena muda II.* Segunda posição de *discórdia* (visão de Mark): vista de trás; o homem parcialmente eclipsa a mulher. *Cena muda III.* Terceira posição de concórdia (visão de Lucas): excelente vista de frente; mulher imperfeitamente encobrindo o homem. *Cena muda IV.* Quarta posição de solução (visão de João): "tableau" final; vista do horizonte; homem e mulher descobertos."

FRAGMENTO 22

O célebre monólogo final do Livro IV: "Ricorso" – apresenta vários níveis de significado. É o lamento da Velha Ana: a mulher, durante o sono matinal, sente que o marido se afasta dela; percebe que é chegado o momento em que será substituída pela mais nova. Ao mesmo tempo, é a elegia do Rio Liffey que corre ao encontro do mar – o pai-oceano –, carregando a sujeira da cidade de Dublin. Em plano subsidiário, há algo como um ressoar de lastimação pessoal do próprio Joyce ("Dei o melhor de mim quando me deixaram... Multimicroscrúpulos, torturas tântalas, e há alguém que me entenda? Um em milumanoites?"). Chega ao fim a história de HCE. Fim? Ora, poderíamos bem dizer, ao modo joyciano, chega ao Finn. Porque Finn é quem vem. *Finn again.* Fim é início. O ciclo recomeça. Por um cômodo vicus de recirculação estaremos em breve de volta a Howth Castle Ecercanias. A derradeira frase, interminada, continua na primeira do livro:.. *riocorrente* etc.

No nível estilístico, é interessante comparar este último episódio do *FW* com o monólogo final de Molly Bloom, a Penélope do *Ulisses*. Em ambos os casos, opera a técnica do *stream of consciousness* ("corrente da consciência"), o chamado "monólogo interior". Embora no *FW* o artesanato semântico tenha atingido um grau extremo, não deixa de haver um parentesco básico entre ambos os textos, o que nos revela a coerência fundamental da prosa joyciana em seu processo evolutivo. Interpenetração orgânica de elementos é a lei estrutural que domina. No monólogo de Molly Bloom, a linguagem não sofre aquela sobrecarga de estratos significativos que irá caracterizar o idioma do *FW*, mas é assim mesmo acionada por revolucionários expedientes verbais: num discurso contínuo, desprovido de pontuação e de pausa, o monossílabo *yes* (sim) é disparado a espaços, como que subliminarmente, até se constituir na meta-clímax da narrativa, o sim que a personagem feminina dá à masculina, soberba e inexcedível presentificação da escaramuça amorosa. Acompanhem os leitores o paralelo, através da versão portuguesa do excerto final do *Ulisses*: ... *o sol brilha para você ele me disse no dia em que estávamos deitados entre os rododendros no cabo de Howth com seu terno de tweed cinza e seu chapéu de palha no dia em que eu o levei a se declarar sim primeiro eu lhe dei um pedacinho de doce de amêndoa que tinha em minha boca e era ano bissexto como agora sim há 16 anos meu Deus depois daquele longo beijo quase perdi o fôlego sim ele disse que eu era uma flor da montanha sim certo somos flores todo o corpo da mulher sim foi a única coisa verdadeira que ele me disse em sua vida e o sol está brilhando para você hoje sim por isso ele me agradava vi que ele sabia ou sentia o que era uma mulher e tive a certeza de que poderia sempre fazer dele o que eu quisesse e dei-lhe todo o prazer que pude para levá-lo a me pedir o sim e eu não quis responder logo só fiquei olhando para o mar e para o céu pensando em tantas coisas que ele não sabia em Mulvey e no Sr. Stanhope e Hester e papai e no velho capitão Groves e nos marinheiros que brincavam de boca-de-forno de cabra-cega de mão-na-mula como eles diziam no molhe e a sentinela defronte à casa do governador com a coisa em redor de seu capacete branco pobre diabo meio assado e as moças espanholas rindo com seus xales e seus pentes enormes e os pregões na manhã os gregos judeus árabes e não sei que diabo de gente ainda de todos os cantos da Europa e a rua Duke e o mercado de aves cheio de cacarejos em frente à casa de Lalaby Sharon e os pobres burricos tropicando meio adormecidos e os vagabundos encapotados dormindo na sombra das escadas e as enormes rodas dos carros de boi e o velho castelo velho de milênios sim e aqueles belos mouros todos de branco e de turbante como reis pedindo a você que se sente em suas minúsculas barracas e Ronda janelas velhas de pousadas olhos espiando por detrás de rótulas para que seu amante beije as grades de ferro e as tabernas semicerradas à noite e as castanholas e a noite que perdemos o barco em Algeciras o vigia rondando sereno com sua lanterna e Oh aquela terrível torrente profundofluente Oh e o mar carmim às vezes como fogo e os poentes gloriosos e as figueiras nos jardins da Alameda sim e todas as estranhas vielas e casas rosa e azul e laranja e os rosais e os jasmins e os gerânios o os cáctus e Gibraltar quando eu era jovem uma Flor da montanha sim quando eu pus a rosa em meus cabelos como as moças andaluzas ou de certo uma vermelha sim e como ele me beijou sob o muro mourisco e eu pensei bem tanto faz ele como outro e então convidei-o com os olhos a perguntar-me de novo sim ele perguntou-me se eu queria sim dizer sim minha Flor da montanha e primeiro enlacei-o com meus braços sim e puxei-o para mim para que pudesse sentir meus seios só perfume sim e seu coração disparando como louco e sim eu disse sim eu quero Sim.*

(tradução de Haroldo de Campos)

APÊNDICES

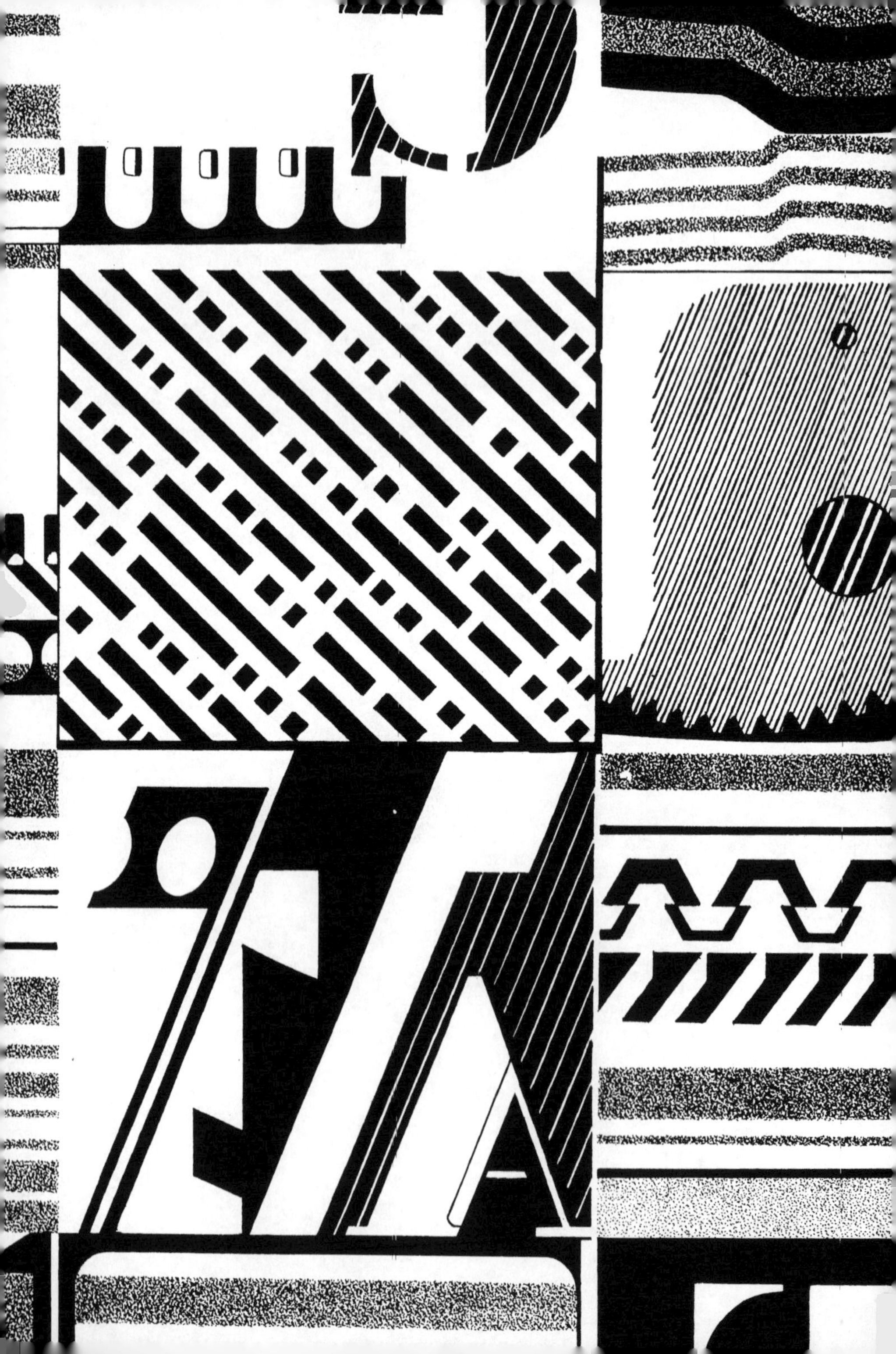

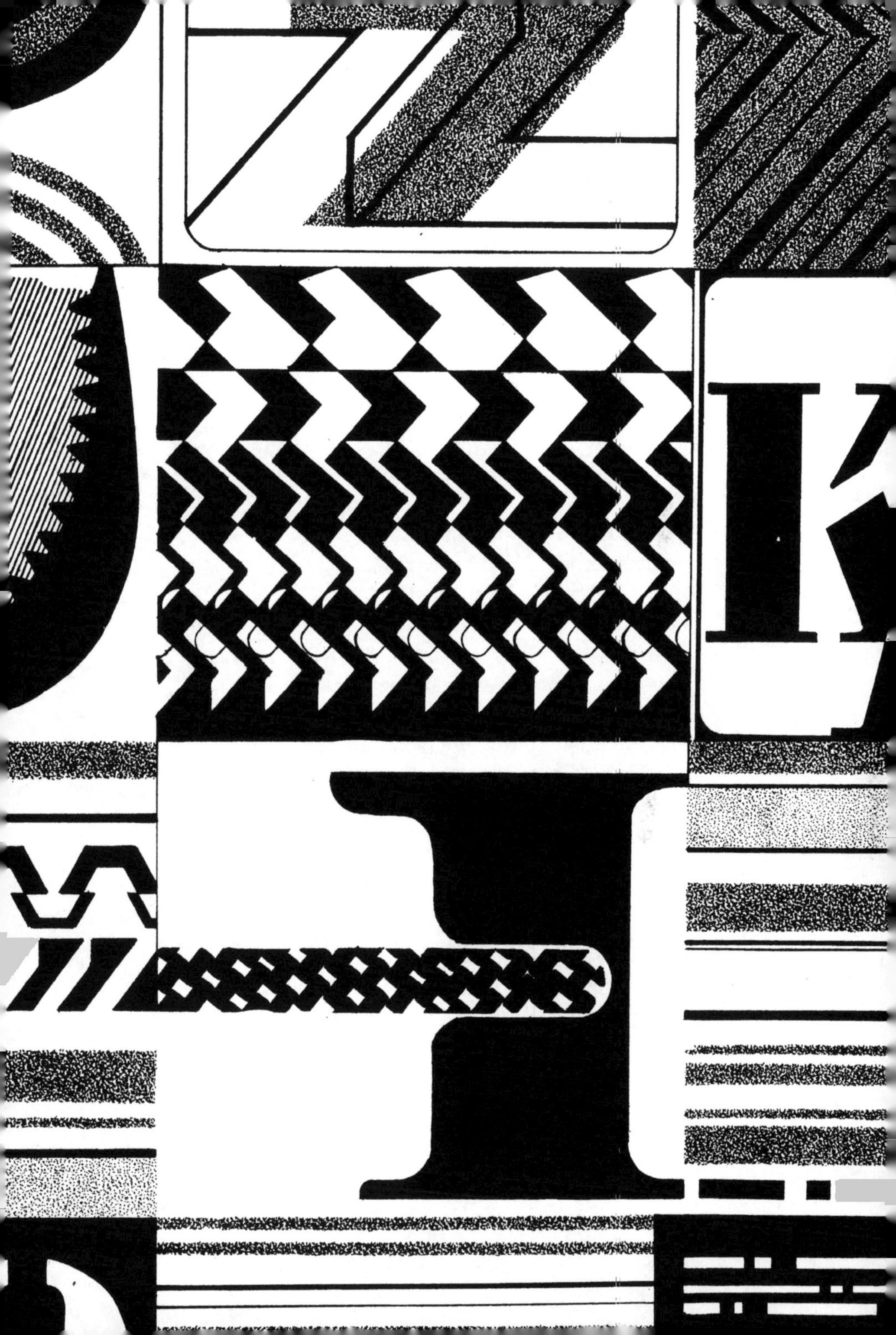

LEWIS CARROL

Jabberwocky

"Twas brillig, and the slithy toves
    Did gyre and gimble in the wabe;
All mimsy were the borogoves,
    And the mome raths outgrabe.

"Beware the Jabberwock, my son!
    The jaws that bite, the claws that catch!
Beware the Jubjub bird and shun
    The frumious Bandersnatch!"

He took his vorpal sword in hand:
    Longtime the manxome foe he sought –
So rested he by the Tumtum tree,
    And stood awhile in thought.

And as in uffish thought he stood,
    The Jabberwock, with eye of flame,
Came whiffling through the tulgey wood,
    And burbled as it came!

One, two! One, two! And through and through
    The vorpal blade went snicker-snack!
He left it dead, and with his head
    He went galumphing back.

Jaguadarte

Era briluz. As lesmolisas touvas
 Roldavam e relviam nos gramilvos.
Estavam mimsicais as pintalouvas,
 E os momirratos davam grilvos.

"Foge do Jaguadarte, o que não morre!
 Garra que agarra, bocarra que urra!
Foge da ave Felfel, meu filho, e corre
 Do frumioso Babassurra!"

le arrancou sua espada vorpal
 E foi atrás do inimigo do Homundo.
Na árvore Tamtam ele afinal
 Parou, um dia, sonilundo.

E enquanto estava em sussustada sesta,
 Chegou o Jaguadarte, olho de fogo,
Sorrelfiflando através da floresta,
 E borbulia um riso louco!

Um, dois! Um, dois! Sua espada mavorta
 Vai-vem, vem-vai, para trás, para diante!
Cabeça fere, corta, e, fera morta,
 Ei-lo que volta galunfante.

"And has thou slain the Jabberwock!
    Come to my arms, my beamish boy!
O frabjous day! Callooh! Callay!"
    He chortled in his joy.

"Twas; brillig, and the slithy toves
    Did gyre and gimble in the wabe;
All mimsy were the borogoves,
    And the mome raths outgrabe.

"Pois então tu mataste o Jaguadarte!
Vem aos meus braços, homenino meu!
Oh dia fremular! Bravooh! Bravarte!"
le se ria jubileu.

Era briluz. As lesmolisas touvas
   Roldavam e relviam nos gramilvos.
Estavam mimsicais as pintalouvas,
   E os momirratos davam grilvos.

(tradução de Augusto de Campos)

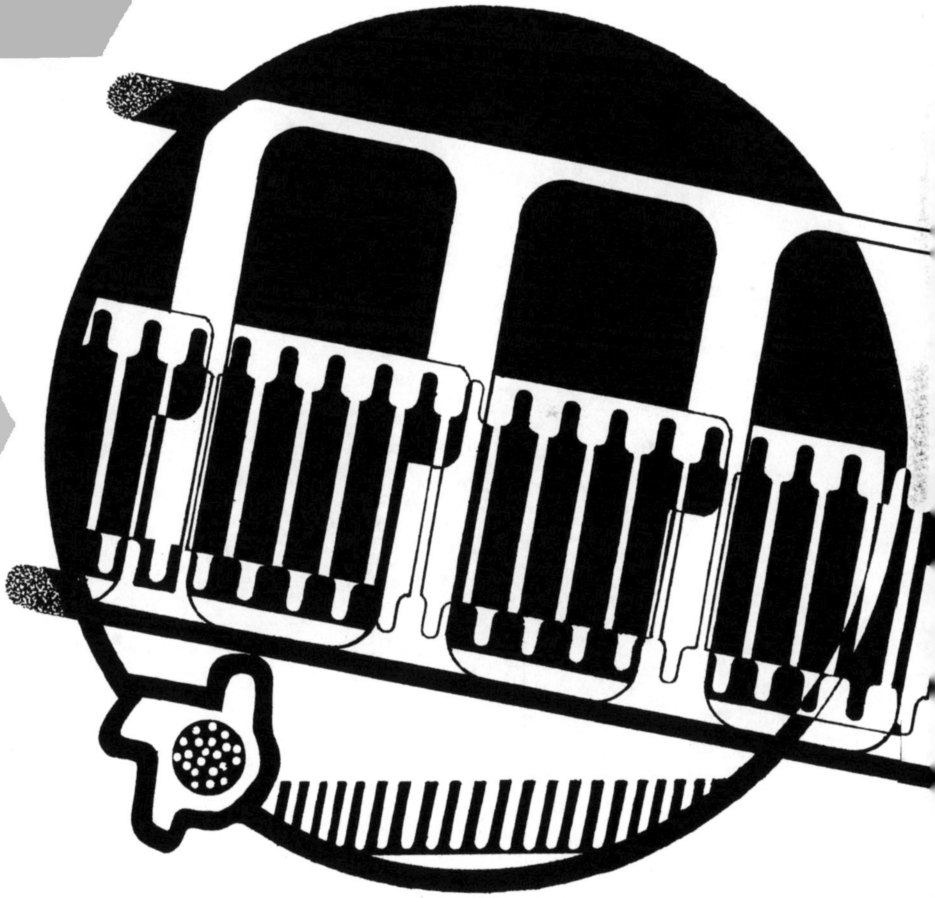

INTRODUÇÃO A UM ASSUNTO ESTRANHO*

Joseph Campbell e Henry Morton Robinson
tradução de Augusto de Campos

Fluente adivinha e resposta fluida, *Finnegans Wake* é uma poderosa alegoria da queda e ressurreição da humanidade. É um estranho livro, um misto de fábula, sinfonia e pesadelo – um monstruoso enigma a acenar imperiosamente dos abismos sombrios do sono. Sua mecânica assemelha-se à de um sonho, um sonho que libertou o autor das necessidades da lógica comum, possibilitando-lhe comprimir todos os períodos da história, todas as fases do desenvolvimento individual e racial, em um desenho circular, de que cada parte é começo, meio e fim.

No torvelinho dessa gigantesca charada, efígies obscuras passam ressoando, desaparecem em horizontes nublados, e são substituídas por outras imagens, vagas mas semiconscientemente familiares. Como em um palco giratório, heróis mitológicos e eventos da mais remota antiguidade ocupam os mesmos planos espaciais e temporais que as personagens modernas e os acontecimentos contemporâneos. Todos os tempos acontecem simultaneamente; Tristão e o Duque de Wellington, Adão e Humpty Dumpty fundem-se num único objeto da percepção. Múltiplos significados estão presentes em cada linha; alusões encadeadas a palavras e frases-chave são entretecidas como temas de uma fuga musical no molde da obra. *Finnegans Wake* é um prodigioso, multifacetado monomito; não apenas o cauchemar de um cidadão de Dublin, mas a saga onírica da humanidade manchada de culpas, em evolução.

---

* Copyright, 1944, de Joseph Campbell e Henry Morton Robinson. Traduzido de *A Skeleton Key to Finnegans Wake*, com permissão de Harcourt, Brace & World, Inc.

O vasto desígnio e a intrincada estrutura de *Finnegans Wake* dão ao livro um aspecto proibitivo de impenetrabilidade. À primeira vista, parecemo-nos defrontar com uma selva densa e enganosa, ínvia e recoberta por luxuriantes perversidades de forma e linguagem. Evidentemente, um livro como este não pode ser folheado por mãos indolentes. Empreita a imaginação, exige disciplina e tenacidade dos que querem segui-lo na aventura. Contudo, algumas das dificuldades desaparecem desde que um leitor bem disposto encontre alguns pontos cardiais e acerte o rumo. Então o imenso mapa de *Finnegans Wake* começa lentamente a desdobrar-se, emergem as figuras e os motivos, os temas tornam-se reconhecíveis, e o ouvido vai-se familiarizando cada vez mais com o vocabulário de Joyce. Não se espere alcançar um entendimento completo num primeiro e ávido embate; na verdade, pode-se não lográ-lo nunca. Todavia, o derradeiro estágio do leitor inteligente não é certamente a perplexidade. Ao contrário, é admiração pela visão uniforme, a economia de meios, e o humor mais-que-rabelaisiano que estimularam miraculosamente a estupenda massa de material. Acaba-se reconhecendo, por fim, que nenhum mago poderia ter forjado o opressivo micromacrocosmo joyciano em fornalha menos escura, menos pesada, menos tenebrosa que a deste seu livro inacreditável. Joyce teve que fundir o dicionário moderno, convertê-lo em plasma protoico e reinstaurar a "gênese e a mutação da linguagem" para transmitir sua mensagem. Mas a maior maravilha é que tenha conseguido transmitir uma mensagem como essa!

A primeira chave do método e do mistério do livro acha-se em seu próprio título, *Finnegans Wake*. Tim Finnegan, da velha canção de "vaudeville", é um pedreiro irlandês que se embriaga, caí de uma escada, e, aparentemente, morre. Os amigos promovem um velório em torno de seu caixão; durante as festividades alguém o respinga de uísque, com o que Finnegan desperta de novo para a vida e toma parte na dança generalizada. No fundamento desta canção-burlesca Joyce assenta o título de sua obra. Mas a história não termina aí. Finnegan, o mestre-de-obras, é identificável. primeiramente com

Finn MacCool, capitão, por duzentos anos, dos heróis-guerreiros da Irlanda, e o mais famoso dos gigantes primevos de Dublin. Finn tipifica todos os heróis – Thor, Prometeu, Osíris, Cristo, Buda – em cuja vida e através de cuja inspiração a raça humana se alimenta. E é porque Finn volta de novo (Finn-again) – em outras palavras, pela reaparição do herói – que a força e a esperança são devolvidas à humanidade.

Com sua morte e ressurreição, o pedreiro Finnegan reevoca humoristicamente o solene mistério do deus-herói cuja carne e sangue abastecem a raça de comida e bebida frutificantes para o espírito. No velório de Finnegan, os convivas comem tudo o que pertence ao herói morto. Devoram não apenas todos os comestíveis da casa, mas partilham o seu próprio corpo, como uma hóstia. Com sua queda, a casca do Ovo Cósmico despedaçou-se, mas a substância essencial do ovo foi colhida e serviu de nutrimento para o povo, "sunny side up with care."

A queda de Finnegan da escada é amplamente simbólica: é a queda de Lúcifer, a queda de Adão, o sol posto que se levantará de novo, a queda de Roma, um colapso em Wall Street. É a queda de Humpty Dumpty e a queda da maçã de Newton. É a ducha irrigadora da chuva de primavera que cai nos campos semeados. E é a diária queda de todos os homens ao perderem a graça. Essas várias quedas (implicando, todas elas, correspondentes ressurreições) provocam uma libertação de energia que mantém o universo a girar como um redemoinho, e fornecem a dinâmica que põe em movimento o ciclo quadripartido da história universal.

Mas por que um ciclo "quadripartido"? Esta referência diz respeito à concepção do filósofo setecentista Giambattista Vico, cuja obra *La Scienza Nuova* propicia o tear sobre o qual Joyce urdirá sua alegoria histórica. Em essência, a noção de Vico é que a história passa por quatro fases: teocrática, aristocrática, democrática e caótica. A última fase é caracterizada (como a nossa própria época) pelo individualismo e pela esterilidade, e representa o nadir da queda do homem. Termina por um trovejar, que terrifica e redesperta a humanidade para os reclamos do sobrenatural, e assim o ciclo principia a girar novamente com um retorno à teocracia primitiva[1].

Na composição de Joyce, o episódio cômico de Finnegan é apenas o prólogo de uma ação mais importante. Está relacionado aos episódios posteriores como a pré-história à história; ou (para usar uma imagem de Vico) como os gigantes do caos-aurora estão relacionados aos patriarcas da história ordenada. Em *Finnegans Wake* a transição do herói anterior para o mais novo tem lugar nas páginas 24 a 29[2] quando os participantes do velório obrigam Finnegan a deitar-se e o exortam a descansar em paz. Contam-lhe que um recém-chegado, seu sucessor, acaba de aportar na baía de Dublin. Este recém-chegado é HCE, ou mais precisamente, Humphrey Chimpden Earwicker, que daí por diante domina a obra.

À medida que a narrativa se desenvolve, descobrimos que este H.C. Earwicker é um cidadão de Dublin, um taverneiro tartamudo com uma corcova bovina atrás do pescoço. Ele aparece como um tipo bem definido e simpático, vítima dolorosa de uma sorte madrasta, que é mais forte do que ele, ainda que idêntica a ele próprio. Joyce o introduz sob vários nomes, tais como Here Comes Everybody e Haveth Childers Everywhere – indicações de sua universalidade e de seu papel como o grande progenitor. O herói vagueou pelo mundo, deixando famílias (isto é, depósitos de civilização) em todas as pausas de

---

1. *A Decadência do Ocidente* de Oswald Spengler apresenta um ciclo da história em quatro fases comparável ao de Joyce. Com efeito, as Tábuas das Épocas Históricas (Vol. 1) elucidam consideravelmente *Finnegans Wake*. As análises spengleriana e joyciana dos tempos modernos concordam essencialmente, embora as atitudes dos dois homens no que respeita aos elementos inevitáveis da história sejam bastante diversas.

    O ciclo quadripartido de Spengler é derivado de Goethe, como o de Joyce provém de Vico. Tanto Goethe como Vico desenvolveram a ideia a partir da sequência das Quatro Idades da mitologia grega (Idade de Ouro, de Prata, de Bronze, de Ferro), que, por sua vez, é uma contraparte do Círculo hindu dos Quatro Yugas (Krita, Treta, Dvapara, Kali). Joyce amalgama tudo em sua colossal visão tragicômica da Morfologia do Destino Humano.

2. Os números de pp. citados neste estudo se referem à edição da Faber and Faber de *Finnegans Wake*.

sua caminhada: de Troia na Ásia Menor (ele é frequentemente denominado "o Turco") até as terras turbulentas dos godos, dos francos, dos nórdicos, e, através dos mares, até as ilhas verdejantes da Bretanha e do Eire. Suas principais manifestações germânicas são Woden e Thor; sua mais importante encarnação céltica, Manannán MacLír; além, disso, ele é São Patrício levando a nova fé; Strongbow, liderando a conquista anglo-normanda; Cromwell, conquistando com mãos sangrentas. Mais especificamente, ele é o nosso taverneiro anglicano, HCE, no subúrbio de Dublin, Chapelizod.

Como em *Ulisses*, a ação principal tem lugar em Dublin e suas cercanias. Defrontamo-nos subitamente com Howth Castle, Phoenix Park, o rio Liffey, o Monumento de Wellington, a Fábrica de Cerveja de Guinness, e outros marcos importantes, todos os quais têm significação alegórica. O Parque de Fênix, por exemplo, é reminiscente do Jardim do Éden. E o produto da Fábrica de Cerveja de Guinness é o mágico elixir da vida, a bebida imortal dos heróis e dos deuses. Muitas alusões podem ser esclarecidas consultando-se um mapa detalhado de Dublin. Por exemplo, "the knock out in the park" (p. 3) é Castle Knock, num cemitério perto do portão ocidental de Phoenix Park. As pequenas colinas da vizinhança são figuradamente os pés do gigante virados para cima. Este gigante, cuja cabeça é a Montanha de Howth e cujo ventre é a própria cidade de Dublin, vem a ser nada mais nada menos que o cômico deus-herói prostrado no velório. Com efeito, toda a vida, as paixões, as lutas e a agonia de Dublin aí estão, na barafunda de *Finnegans Wake*.

Mas voltando a HCE. É um homem que conquistou seu lugar na sociedade, um lugar que não é de grande destaque mas de reputação ilibada. HCE é candidato numa eleição local. As más línguas, todavia, liquidam com sua campanha e com seu bom nome.

Foi no Parque de Fênix (aquele Jardim Edênico), perto de sua taverna, que ele cometeu uma falta indecorosa que agora o persegue até o fim de sua vida-pesadelo. Em resumo, ele foi apanhado espiando duas garotas, ou desnudando-se diante delas, em Phoenix Park. A indiscrição foi testemunhada por três soldados bêbados, que nunca conseguem estar bem certos do que viram; através deles, a notícia correu mundo. A ansiedade de Earwicker em justificar-se criva suas alocuções de incriminadores "lapsus linguae", e assinala a sua volumosa presença com um odor de manteiga ligeiramente rançosa, expondo-o a mais falatórios de todos os lados. Os rumores crescem. Dizem que ele sofre de uma doença obscura, que se suspeita ser venérea, uma contraparte fisiológica de sua nódoa psicológica.

Sem dúvida, o transe por que passa HCE é da natureza do Pecado Original: partilha do sombrio sentimento de culpa que Adão experimenta depois de ter comido a maçã; é afim, também, do aturdimento e da confusão que paralisam Hamlet, e não deixa de ter parentesco com a intranquilidade neurótica dos tempos modernos. Stephen Dedalus, que sofre de uma análoga enfermidade em *Ulysses*, chamou-a "agenbite of inwit" (remordimerito da consciência), o roer incessante do remorso com seus dentes de rato. Earwicker, sofrendo com esse estigma, e todavia consciente de suas reivindicações de decência, divide-se entre a vergonha e a autossatisfação agressiva, cônscio de sua própria existência como inseto e como homem (um "earwig" é uma espécie de besouro que, segundo a crendice popular, penetra no ouvido humano). Verme diante de Deus e gigante entre os homens, ele é uma arena viva, dolorosa, de cósmicas dissonâncias, torturada por todas as cutiladas da culpa e da consciência.

Uma ramificação muito particular do motivo da Culpa manifesta-se constantemente nas situações entre um homem velho e uma mulher jovem que se espalham por todo o livro. Nos episódios de Swift-Vanessa, ou Marco-e-Isolda, barbas grisalhas abrasam apaixonadamente num anseio meio-incestuoso, meio-lírico pelo amor juvenil. O próprio Earwicker vê-se perturbado por uma paixão, feita de desejos ilícitos e latentes, por sua filha, Isabel, que ele identifica à Isolda de Tristão, e que é a doce reencarnação juvenil de sua mulher. A si mesmo, ele se vislumbra ora como o galante Tristão ora como o marido enganado, o rei Marco.

Embora Earwicker seja um cidadão de Dublin, é olhado pela população como um intruso, e até mesmo como um usurpador. Por quê?

Porque, descendente de um tronco mais germânico do que céltico, encarna todos os invasores que espezinharam a Irlanda – dinamarqueses, nórdicos, normandos e ingleses. O barulho de armas que ressoa pelas primeiras páginas do livro evoca as batalhas de toda a história irlandesa e fornece um cenário para os campos de batalha da taverna – e os campos de batalha, da própria alma de Earwicker.

Os rumores sobre HCE são suscitados por um dublinense nato, fumando seu cachimbo, que encontra Earwicker à meia-noite em Phoenix Park. Este Aldeão de cachimbo pergunta as horas a HCE, e se surpreende quando o grande personagem mostra-se inseguro e lança-se em uma elaborada autodefesa. O Aldeão vai para casa, cisma sobre uma botelha, e resmunga o que ouviu. Sua mulher, escutando as palavras suspeitas, comunica-as ao seu pároco, que por sua vez as passa adiante quando vai às corridas. Três transeuntes escutam a história, exageram-na comicamente, e afinal a transformam num libelo obsceno ("A Balada de Perse O'Reilly", p. 44).

O rumor percorre a cidade como uma infecção virulenta. Diversas páginas (51-61) são dedicadas a manifestações da opinião pública. A praga do falatório que circunda o Sr. H.C. Earwicker volve ao passado – atinge e contamina todas as imagens do grande e inesquecível cidadão através dos anais, não apenas da Irlanda, mas de toda a humanidade. Assim, os pesquisadores já não distinguem entre a tumultuária murmuração ("earwigging") do presente e a dos dias mais remotos. O caldeirão de escândalos ferve gloriosamente com ingredientes de todos os momentos da história humana.

Enquanto o homem da rua se entrega à tagarelice, doze cidadãos do júri assentam-se em sessão solene (ainda que regada a bom vinho). Esses doze são, localmente, os doze assíduos frequentadores do botequim do Sr. Earwicker. São também os principais convivas do velório de Finnegan. São ainda os doze signos do zodíaco. Sua presença se denuncia por sequências altissonantes de palavras terminadas em "ation" (-ação); assim, por exemplo, na página 6, "all the hoolivans of the nation, prostrated in their consternation, and their duodisimally profusive plethora of ululation".

Em complemento, há quatro babugentos juízes senis que rememoram e repassam as anedotas dos velhos tempos. Eles são, identificados com os quatro ventos, os Quatro Mestres Historiadores dos Anais da Irlanda, os Quatro Evangelistas, as quatro eras de Vico, e assim por diante. Sua principal incumbência é cuidar de um Asno, o qual, em seus melhores momentos, se revela como uma encarnação arcaica do Logos. As páginas 383 a 399 são devotadas em grande parte às reminiscências dos Quatro. Eles próprios, nos dias de juventude, foram protagonistas das grandes ações vitais que agora somente podem contemplar e passar em revista. Outrora a vida despertou neles e os modelou; mas seguiu adiante, e agora eles são apenas cascas jogadas fora. Excêntricas, frágeis cristalizações de um passado remoto, resta-lhes unicamente esperar pela desintegração. Entrementes, porém, eles se assentam para julgar o vívido presente.

Um policial mal-humorado, amigo íntimo dos Quatro, prende HCE por perturbação da paz pública, e presta testemunho contra ele (pp. 62-63 e 67). Mas, na verdade, tem muitos traços em comum com o herói – como, de resto, todos os personagens masculinos da oposição popular a HCE. Pois, em última análise, o julgamento universal contra este é apenas um reflexo de seu próprio e obsessivo sentimento de culpa; e, inversamente, o seu pecado, que os outros condenam, é tão somente um conspícuo exemplo público do pecado original, geral e universal, particularmente atuante dentro de cada um. Assim, por todo o livro, há uma contínua interpenetração do acusado e seus acusadores. Todos esses personagens, movendo-se uns em torno dos outros, uns contra os outros, são meras facetas de alguma prodigiosa unidade e tornam-se, ao cabo, profundamente idênticos – cada qual é, por assim dizer, uma figura no complexo onírico de todos os outros. Vem-nos à mente a bela imagem de Schopenhauer sobre o mundo: "É um vasto sonho, sonhado por um único ser humano; mas de tal maneira que todos os personagens do sonho sonham também. Assim, cada coisa, se encadeia e harmoniza com tudo o mais."

Earwicker tem uma mulher, a psiquê do livro – fascinante, estuante de vida, que a todos domina, e está em perpétua metamorfose.

Ela aparece tipicamente sob o nome de Ana Lívia Plurabelle, abreviado para ALP. Assim como Earwicker se transforma em Adão, Noé, Lord Nelson, uma montanha ou uma árvore, também ALP se torna, por sutis transposições, Eva, Ísis, Isolda, uma nuvem que passa, um riacho que corre. É ela o princípio gerador de amor, eternamente fértil, do universo – uma velhinha que vagueia juntando fragmentos dentro de um cesto; Ísis recolhendo o corpo desconjuntado de seu marido-irmão, Osíris. É a viúva que serve as bebidas na festa do velório: "Grampupus is fallen down but grinny sprids the boord" (p. 7). É ainda unia galinha poedeira que esgravata a terra e arranca de um monte de esterco o fragmento dilacerado de uma carta repleta de tagarelices – todos os segredos de um coração de mulher (pp. 110-111), uma carta enfeitiçante, que, recuperada só parcialmente, tantaliza com seu enigma vital por todas as páginas de *Finnegans Wake*: o livro inteiro, de fato, é apenas uma, emanação de sonho desse "untitled mamafesta memorialising the Mosthighest" (p. 104), escrito (em tempo e lugar desconhecidos) pela própria ALP.

Mas acima de tudo Ana é um rio, mutável sempre e todavia sempre o mesmo, o fluxo heraclitiano que sustém toda a vida em sua corrente. Ela é, principalmente, o rio Liffey, correndo através de Dublin, mas é também todos os rios do mundo: o Ganges sagrado, o fértil Nilo, o transbordante Irrawaddy, o Nyanza misterioso. É o rio circular do tempo, fluindo por Eva e Adão na primeira sentença do livro, carregando em seu curso os escombros das civilizações mortas e as sementes das colheitas e culturas do porvir.

O curso circular do rio Liffey ilustra o ciclo de metamorfoses de ALP. A nascente do arroio nas Colinas de Wicklow vai encontrá-la como uma menina, livre, dançando alegremente, uma ninfa deliciosa. Passando por Chapelizod da taverna de HCE, ela já é uma corrente caudalosa, matronal. Mais adiante ainda, percorrendo a cidade de Dublin, é uma velha anã desfigurada, que transporta a sujeira da cidade. Por fim ela corre de volta ao Pai Oceano, do qual ressurge novamente em névoa, para descer em chuva e tornar-se uma vez mais o borbulhante regato da montanha. O ciclo de Ana é um perfeito exemplo do *corso* e *ricorso* de Vico – o esquema circular em que se assenta *Finnegans Wake*.

Se o papel da *Ana jovem* é despedaçar HCE (que encerra toda a energia fixa), é função da *Ana velha*, a viúva, recolher os "disjecta membra" de seu senhor e prepará-los para uma nova partida. Como diz Joyce, "she puffs the blaziness on", converte o passado em futuro, e demonstra o característico interesse da fêmea pelo futuro de sua raça. Entre suas manifestações juvenis estão a filha de Earwicker e suas vinte e oito pequenas companheiras (os dias do mês), as sete radiosas moças coloridas com as cores do arco-íris, e as duas sedutoras do Parque. Entre suas encarnações mais velhas estão a autora e a destinatária da carta, e a gárrula hospedeira do estabelecimento de Earwicker, Kate "Lixívia", "built in with bricks". Os papéis estão continuamente mudando e confundindo-se uns com os outros. Ana é o princípio do movimento vivo, sempre pondo em ação e conservando em ação o fluxo fluvial do tempo.

Earwicker e sua mulher têm dois filhos, denominados em seu aspecto simbólico Shem e Shaun, e em sua aparência doméstica Jerry e Kevin. São eles os protagonistas do grande tema da Guerra Fraterna que palpita por toda a obra. Da mesma forma que HCE e ALP representam uma polaridade primordial macho-fêmea, que é básica para toda a vida, igualmente Shem e Shaun representam uma polaridade subordinada, exclusivamente masculina, de conflito, que é fundamental para toda a história. Os traços opostos, que no pai eram estranha e ambiguamente combinados, nos filhos são isolados e incorporados separadamente. Como tipos, entretanto, esses moços são muito mais simples que seu pai; os capítulos dedicados ao delineamento de seus retratos caricaturais – respectivamente, Livro I, capítulo 7 (pp. 169-195) a Shem; Livro II, capítulos 1 e 2 (pp. 219-308) a Shaun) – são comparativamente fáceis de ler, excelentes lugares para tentativas de exploração do romance.

Shem (Jerry), o introvertido, renegado pelos homens, é o pesquisador e o descobridor das coisas proibidas. Ele é uma encarnação da energia latente, perigosamente incubada. É o desbravador das fontes secretas, e, como tal, o possuidor de poderes assombrosos, de relâmpago. Os livros que escreve são tão mortificantes que as pessoas honradas os repudiam espontaneamente; eles ameaçam, eles dissolvem as protetoras fronteiras do bem e do mal. Provocado à ação (e ele precisa ser provocado para agir), Shem não se deixa refrear pelas leis humanas normais, pois estas já se dissolveram dentro dele por força dos elixires poderosíssimos das profundezas elementares; ele pode lançar borrifos cáusticos de ácido; mas, por outro lado, pode espargir um tão prodigioso bálsamo de perdão, que as linhas de batalha acabam confundidas numa bacanal de amor coletivo. Um amor assim absoluto é tão perigoso para o trabalho eficiente da sociedade como um ódio absoluto. O detentor de tais segredos, portanto, é constrangido a recalcar o seu fogo. Ninguém quer, realmente, ouvir o que ele tem a dizer; os pastores do povo denunciam-no de seus púlpitos, ou ainda, de tal forma diluem e deturpam seus ensinamentos que os tornam inócuos. Assim, Shem vive tipicamente retirado da sociedade; ele é o escarnecido e o deserdado, o boêmio, ou o criminoso desterrado, rejeitado pela prosperidade filistina. Sob o título de *Shem the Penman* (Shem, o Escriba), ele é o visionário, o poeta, o próprio Joyce em seu aspecto de artista incompreendido, repudiado. Sua conduta característica é refugiar-se em seu quarto, onde, no pergaminho de seu próprio corpo, escreve um livro fosforescente numa linguagem corrosiva que Shaun não consegue entender.

 O caráter de Shaun (Kevin), o pastor da espécie humana, o orador político, prudente, untuoso, próspero, o favorito do povo, o guardião do planeta, o conquistador dos rebeldes, o sustentáculo dos encargos do homem branco, é desenvolvido por Joyce, ampla e meticulosamente. Ele é o oposto e a contraparte de Shem: os dois irmãos são os pratos equilibrados da balança da humanidade. E se o papel típico de Shem é ser açoitado e espoliado, Shaun é tipicamente o algoz e o esbulhador.

 Ao passar de construtor de impérios e preservador da paz mundial a autor de "best sellers", o filho privilegiado jamais desce às profundidades perigosas, obscenas e proibidas das quais o outro extrai suas produções insanas; as obras de Shaun não correm perigo de censura ou rejeição; são elas que censuram e rejeitam. Na verdade, Shaun não se interessa por assuntos espirituais ou estéticos, a não ser na medida em que possa tirar partido deles; a vida da carne e dos sentidos é-lhe mais que suficiente. Em uma divertida passagem, que começa na p. 429, Shaun se dirige às pequenas alunas do externato de St. Bride's Academy, ferindo seus suaves ouvidos com admoestações paternais e conselhos muito práticos. "Collide with man, collude with money", eis um característico refrão shauniano. Em suma: Shaun é um homem nativa e sagazmente extrovertido, ao passo que Shem, seu irmão, foi tocado pelo "agenbite" (remordimento da consciência), que o faz voltar-se sobre si mesmo, para sondar sua própria fonte. Shaun execra a Shem, amaldiçoa-o, com o desdém franco, mas não de todo destituído de temor, do homem de ação pelo homem de pensamento. Sob o nome de Shaun the Postman (Shaun, o Carteiro), ele entrega aos homens a grande mensagem, que foi realmente descoberta e redigida por Shem, e desfruta por isso de todas as recompensas a que fazem jus os portadores de boas novas.

A missão de Shem não é criar uma vida melhor, mas simplesmente encontrar e proferir a Palavra. Shaun, de outro lado, cuja função é fazer a Palavra tornar-se carne, deturpa-a, rejeita-a fundamentalmente, limita-se a uma espécie de estúpido pragmatismo, e, embora ganhando todas as escaramuças, perde a cidade eterna.

HCE, o pai desta dupla, representa a unidade de que dimana sua polaridade. Em comparação com a rica plasticidade de HCE, os dois irmãos são meras sombras grotescas. Sua história aparece como uma estranha miragem do cerne duradouro da presença básica de HCE. A energia produzida pelo conflito deles é apenas um reflexo da energia original gerada pela queda do pai. Além disso, por mais antípodas que sejam os pontos onde os irmãos se achem, eles são facilmente abrangidos pelo amor oniinclusivo de sua maravilhosa mãe ALP (ver, por exemplo, as encantadoras passagens das pp. 194-195).

Perto do fim da obra (especificamente durante o terceiro capítulo do Livro III, pp. 474-554), as formas do mundo filial de dissolvem e a forma primacial e perpétua de HCE ressurge. O todo-pai se reúne com sua mulher no aniversário de suas bodas de diamante, como para demonstrar que, por detrás da complexidade das vidas de seus filhos, eles, pais, ainda continuam a ser os motivos-dominantes. Juntos, eles constituem o anjo andrógino e primordial, que é o Homem, encarnação de Deus.

Qual é, finalmente, a mensagem de *Finnegans Wake*? Pondo de lado seus traços acidentais, pode-se dizer que o livro é, todo ele, uma tensão de antagonismos mutuamente suplementares: macho-e-fêmea, velho-e-moço, vida-e-morte, amor-e-ódio; estes, por sua atração, por seus conflitos e repulsões, proporcionam as energias polares que fazem girar o universo. Para onde quer que Joyce olhe na história da vida humana, ele descobre sempre a atuação dessas polaridades fundamentais. Sob o aspecto aparente de diversidade – no indivíduo, na família, no estado, no átomo, ou no cosmos – estas constantes permanecem imutáveis. Em meio ao trivial e ao tumulto, através de prodigiosos símbolos e signos místicos, oblíqua e obscuramente (eis que essas manifestações são tão obscuras quanto oblíquas), James Joyce apresenta, desenvolve, amplifica e recondensa nada mais nada menos que a eterna dinâmica implícita em nascimento, conflito, morte e ressurreição.

SAMPLE 45

O LANCE DE DADOS DO *FINNEGANS WAKE**

Augusto de Campos

> *A audácia mais bela é a do fim da vida. Admiro-a em Joyce, como a admirei em Mallarmé, em Beethoven e nalguns raríssimos artistas cuja obra termina em falésia e que apresentam ao futuro a face mais abrupta de seu gênio...*
>
> ANDRÉ GIDE

A compreensão das afinidades entre Mallarmé e Joyce e, em particular, entre *Un Coup de Dés* e *Finnegans Wake*, antes apenas vislumbradas aqui e ali por alguns escritores e "book-reviewers", vem atingir o nível de uma consciência crítica objetiva graças ao estudo de David Hayman, *Joyce et Mallarmé* [1].

Hayman inspirou-se, confessadamente, nas hipóteses levantadas por Robert Greer Cohn, que em suas penetrantes exegeses da última obra de Mallarmé [2] observara que "a despeito de todas as diferenças de dimensão e de gênero, *Un Coup de Dés* tem mais em comum com *Finnegans Wake* do que com qualquer outra criação literária conhecida."

Já seria muito fazer a prova desta ousadíssima afirmação. Mas Hayman não se contenta com tal objetivo. Quer provar e comprovar tudo o mais que Greer Cohn aventara em seus livros, a saber: que cada imagem importante, cada grande conceito do Coup de Dés encontra sua contraparte significativa em *Finnegans Wake*; que Joyce conhecia

---

* Publicado originalmente no Suplemento Literário de *O Estado de S. Paulo*, 29.11.58 incluindo o fragmento nº 4.
1. David Hayman, *Joyce et Mallarmé*, 2 vols., Paris, Lettres Modernes, 1956.
2. Robert Greer Coim, *Un Coup de Dés an exegesis*, New Haven, Yale French Studies Publication, 1949, e *L'Oeuvre de Mallarmé "Un coup de Dés"*, traduzido do inglês inédito por René Arnaud, Paris Librairie "Les Lettres", 1951.

o poema constelar do mestre francês e lhe conferiu uma importância decisiva na concepção e na estruturação de seu romance.

Num terreno onde as informações escasseiam, e onde quase que só é possível tentar aproximações indiretas – pois há que buscar nos próprios textos joycianos, sempre elusivos e protoicos, em vocábulos justapostos, superpostos, deformados, polivalentes, ambíguos, as referências quer a Mallarmé, quer ao *Lance de Dados* – podem-se avaliar os grandes méritos e ao mesmo tempo desculpar as deficiências do trabalho de Hayman.

A dificuldade maior está em que não há, biograficamente, prova direta, precisa, de que Joyce tenha lido o poema de Mallarmé. Conta-se, na realidade, o único testemunho de um amigo de Joyce, o poeta Philippe Soupault, que afirmou a Hayman (29 de junho de 1953) ter visto um exemplar do livro na biblioteca de Joyce, quando este residia na Rua Galilée. E é só. Tal exemplar não figura entre os remanescentes da Biblioteca de Joyce em Paris, que aparecem enumerados no Catálogo da Exposição Joyce, em La Hune, 1949[3]. Nenhuma pista na correspondência coligida por Stuart Gilbert[4].

Verdade é que, como acentua Hayman, convivendo num círculo de amizades literárias no qual se destacavam Pound, Eliot, Windham Lewis, Richard Aldington, e ainda franceses como Valéry-Larbaud, Edouard Dujardin, Philippe Soupault ou Léon-Paul Fargue – este, discípulo de Mallarmé – seria praticamente impossível a Joyce ignorar por muito tempo a existência de *Un Coup de Dés*. Tanto mais que já revelara interesse pela obra anterior de Mallarmé: num de seus cadernos de apontamentos, "o caderno de Trieste", Joyce transcreveu integralmente "Brise Marine" e "Soupir", ao lado de citações de poemas como "L'Azur", "Les Fleurs", "Les Fenêtres", "Victorieusement fui..." "Hérodiade", e de alguns trechos de "Crise de vers".

A influência de Mallarmé sobre Joyce é estudada por D. Hayman sob dois aspectos fundamentais, a que denomina: 1) a estilística da sugestão; 2) os elementos mallarmeanos na obra de Joyce.

3. *James Joyce, sa vie, son oeuvre, son rayonnement* – out. nov. 1959 La Hune.
4. *Letters of James Joyce*, editadas por Stuart Gilbert, Faber & Faber, Londres, 1957.

Para tanto, além de percorrer tudo o que existia publicado de e sobre Joyce, foi ao escrúpulo de consultar os 56 cadernos de notas, manuscritos e artigos que se acham na Universidade de Buffalo, e mais os manuscritos do *Finnegans Wake* da British Museum Library, em Londres, compreendendo 19 grandes volumes numerados, os quais encerram a maioria das versões e revisões de cada episódio do livro (cerca de 4.400 pp.).

Ulysses e *Finnegans Wake* são examinados à luz das teorias mallarmeanas do "sugerir". Pontos de contacto estilísticos: o conceito de "despersonalização do artista", os processos de composição como os jogos de palavras, a "desordem" sintática, a associação de ideias etc..

A exegese comparativa do *Finnegans Wake* e do *Un Coup de Dés* se faz desde a perspectiva dos elementos de articulação estrutural em que se projeta a "filosofia do mundo" das duas obras, ou seja, um sistema de dualismos, paradoxos e temas, estes entendidos antes como musicais do que literários.

O segundo aspecto do estudo de Hayman visa diretamente aos elementos mallarmeanos na obra de Joyce. Sobretudo aos elementos de *Un Coup de Dés* no *Finnegans Wake*: procede-se a uma seleção de passagens-chave extraídas do *FW* e analisadas por suas feições mallarmaicas, e, em seguida, a uma síntese dos elementos que evocam a ação, os personagens e os símbolos do *Lance de Dados*. O paralelismo geral de ações e estruturas entre as duas obras é sintetizado por Hayman num capítulo final, a que intitula: "O Lance de Dados do *Finnegans Wake*". Grande parte do estudo de Hayman é dedicada, sob a forma de apêndices, às *evidências*, às provas documentais, a saber: *apêndice* A – citações de Mallarmé que figuram no "caderno de Trieste"; *apêndice* B – citações e paráfrases de Mallarmé na obra de Joyce; *apêndice* C – citações do nome de Mallarmé na obra de Joyce; *apêndice* D – as evocações disfarçadas, de Mallarmé no *FW*; *apêndice* E – os elementos da obra mallarmeana em *FW* e nos "cadernos" do *FW*.

Vejamos alguns exemplos destas curiosíssimas *evidências* e *provas* descobertas pelo "olho clínico" de Hayman.

No *Finnegans Wake*, o nome de Mallarmé aparece dissimulado sob os mais incríveis disfarces, geralmente identificáveis pela duplicação da consoante *m*: *Malmarriedad, Maeromor, Mournomates, Mammamanet, manyoumeant, mallaura's, mallymedears* etc. etc. CULPO DE DIDO! – é a maneira de Joyce referir-se ao *Coup de Dés*. Exemplos bastante convincentes da "presença" do *Lance de Dados* são as anotações encontradas nos cadernos de apontamentos de Joyce, em composição espacial:

        switch   *wave*
              back   *way*
                 ride

ou ainda:

        mat
        crawl   *upstream*
              lapping

onde a temática do mar e do naufrágio transparece numa disposição gráfica tipicamente mallarmeana, imitando o movimento das ondas.

Outro exemplo de pesquisa tipográfica, onde Hayman quer ver uma aproximação com o "roc / faux manoir" de Mallarmé, decompondo a palavra SHAMROCK (trevo branco, emblema da Irlanda) em SHAM (falsa) e ROCK (rocha). SHEM é um dos personagens do *Finnegans Wake*, identificável em certa medida ao próprio Joyce:

SHEM
HEN
AN
M
R
O
C
K

Dentre os textos do *Finnegans Wake* que evocam o *Coup de Dés*, um dos mais impressionantes é o da p. 143 (v. fragmento 3) que se inicia com a frase "If a human being, duly fatigued etc." (*Se um ser humano, devidamente fatigado etc.*). A forma exterior, na roupagem joyciana, é à primeira vista muito diversa: não há valorização do espaço gráfico, o texto é corrido. Mas a maneira sintática – um único período que, quando parece chegar ao fim, é sempre restaurado por uma nova oração – tem todo o "mood" das "subdivisões prismáticas da Ideia". Como no *Coup de Dés*, insinua-se, em dado momento, a presença de Hamlet. Lá é o "prince amer de l'écueil". Aqui, o "camelot prince of dinmurk" (*camelot píncipe da sinamarga*, por *Hamlet príncipe da Dinamarca*) ou o personagem Ham. E há, inclusive, lances de dados e constelações: "shakeagain, O disaster! shakealose, Ah how starring" (*lançaganha, Oh disastro! lançaperde, Ah quão sinastro!*). Poder-se-ia falar numa alotropia estilística – obras que se apresentam com propriedades externas diversas, mas que possuem a mesma estrutura interna.

Em suas obras derradeiras, em suas "falas falésias", Mallarmé e Joyce visaram à cosmogonia. Um equacionamento total da experiência humana, para além das contingências de ordem individual ou particular. E embora Mallarmé precisasse para tanto de apenas 11 páginas, com poucas palavras e muito espaço em branco de permeio, e Joyce de 628 páginas compactas, pode-se dizer que atingiram resultados semelhantes.

Tanto um como outro chegaram a uma concepção de obra "circular", onde o princípio e o fim adquirem relatividade perene. E se no caso de Mallarmé a "subdivisão prismática da Ideia", a técnica de fazer reverberar em cada ideia principal constelações de ideias subsidiárias, leva a uma espécie de "moto perpétuo", sem limites, no caso de Joyce a obra inteira pode estar contida em cada uma de suas partes, de tal sorte que é possível iniciar a leitura de qualquer ponto.

O aspecto visual do texto ganha importância decisiva. Como observa Hayman, a Joyce bem poderiam ser aplicadas as palavras de Camile Soula a propósito do poema de Mallarmé: "le mot ne prend

[...] aux yeux de la raison raisonnante – un sens légitime que si l'on envisage le poème globalement, si l'on considère la page d'imprimerie comme comprehensible dans toutes ses, parties simultanément"[5]. Aqui, mais uma vez se encontram Mallarmé e Joyce, laborando cada um a seu modo num espaço-tempo sintático-visual – quarta-dimensão da linguagem poética.

---

5. Ver o *Un Coup de Dés*, transcriado por Haroldo de Campos, em A. e H. de Campos e D. Pignatari, *Mallarmé*, Signos n. 2, Perspectiva, 3ª ed., 1991, p. 149-173.

DE *ULYSSES* A *ULISSES**

Augusto de Campos

1

43 anos depois do lançamento do *Ulysses* (1922), 38 anos depois da tradução alemã (1927), 36 depois da francesa (1929), 20 da argentina (1945) e 5 da italiana (1960), para só ficarmos nalguns dos idiomas mais conhecidos, chega afinal a vez do nosso *Ulisses*, ou seja, da versão brasileira do romance de James Joyce, graças ao trabalho intelectual de Antônio Houaiss e à iniciativa da Editora Civilização Brasileira. *Ulysses* arriba a terras brasílicas com algum retardo, é de convir. Mas antes tarde etc. Na verdade, fora dos arraiais de vanguarda, a crítica brasileira assim como a maioria dos nossos prosadores não demonstraram, nesses 40 anos, ter compreendido o significado da revolução operada por Joyce na prosa literária com *Ulysses* e *Finnegans Wake*. Sua área de interesses, em matéria de prosa criativa moderna, não vai além de Thomas Mann e Kafka, do romance pré-joyciano ou das ramificações menos radicais (Virginia Woolf, Faulkner etc.). O Joyce de *Ulysses* e *Finnegans Wake* divide a história do romance em antes e depois. A.J., D.J., antes de Joyce, depois de Joyce. E, bem pesadas as coisas, talvez nem haja "depois"; talvez, depois de Joyce, o romance já não deva ser romance, mas uma outra coisa, pois com *Ulysses* Joyce escreveu, na expressão de Harry Levin, "um romance para acabar com todos os romances", deixando todo prosador consciente, posterior a ele, num aparente e salutar "beco sem saída" ...

---

* Publicado originalmente como uma série de artigos no Suplemento Literário de *O Estado de S. Paulo* (18-6, 2-7, 9-7, 16-7 e 23-7-1966), este trabalho teve por base a 1ª edição do *Ulisses*. Na presente reimpressão pareceu útil registrar, em notas, as alterações operadas na 2ª edição (1967), quando relativas aos problemas de tradução aqui ventilados.

Por isso mesmo é de esperar que o aparecimento de *Ulysses* em português, facilitando a leitura do romance-antirromance de Joyce, sirva, e muito, para o destravamento dessa necessária consciencialização. Após a qual, dificilmente se poderá admitir como válido o tipo de prosa literária usual entre nós.

Por outro lado, esse retardo, na situação específica brasileira, tem suas eventuais vantagens para a digestão do nosso público. A tradução do *Ulysses* chega ao consumidor nacional depois da eclosão, há 10 anos, do movimento de poesia concreta, que tem em Joyce um de seus pilares, e que na teoria e na prática vem pondo em ação toda uma problemática joyciana de uso da linguagem. Chega um ano depois da *ReVisão de Sousândrade*", que revelou ao Brasil um poeta brasileiro que não só se antecipou a Joyce na forjação de palavras-montagem, como demonstrou, há quase um século, a viabilidade de muitas de suas inovações vocabulares em língua portuguesa. Chega, ainda, um ano após a reedição das *Memórias Sentimentais de João Miramar*, de Oswald de Andrade, livro que, em nossa língua, constitui uma experiência revolucionária no domínio da prosa moderna e que, como *Ulysses*, esperou cerca de 40 anos para entrar (no caso, reentrar) em circulação em nosso meio. Chega, enfim – fato curiosamente omitido pelos publicitários do nosso *Ulisses* – 3 anos depois de ter sido impressa no Brasil, em modesta mas felizmente indelével edição (já esgotada), a versão de vários fragmentos do *Finnegans Wake*, – acompanhada de estudos críticos e notas e de uma tradução do trecho final do monólogo de Molly Bloom, – o *Panaroma do Finnegans Wake*.

Esses poucos dados já servem para assinalar que a semente do *Ulisses*, em boa hora lançada pela Civilização Brasileira, não vem cair em terreno baldio. Muito ao contrário, encontra o terreno preparado e roteado, contra tudo e contra todos, pelo trabalho tantas vezes negado

---

1. Vanguarda, entendida como "a arte na sua função de descoberta e de invenção", como a define Umberto Eco em "Kitsch e cultura di massa", *Almanacco Letterario Bompiani 1965*, p. 31.

e incompreendido da vanguarda brasileira[1]. E, de certa forma, sanciona, ainda que "contro voglia", mais de 10 anos de luta daqueles que têm vivido, tal como Joyce, a experiência nada lucrativa da invenção, sem esperança nem temor: "nec spe nec metu". Pois o "best-seller" agora apregoado como "o mais importante romance do século XX!" era ainda ontem tido como obra ineditável e acoimado ora de "formalismo" ora de "bolchevismo literário", conforme a origem da crítica, com a mesmíssima incompreensão com que são renegados os vanguardistas de hoje e de sempre.

Mas se hoje é mais fácil e menos arriscado editar esse legítimo espécime da malsinada literatura de vanguarda, nem por isso seu lançamento entre nós deixa de ser um ato de coragem. Mesmo sob a nova capa de respeitabilidade, *Ulysses* continua sendo obra de leitura árdua, destinada mais a produtores que a consumidores. Sua maior aceitação parece nascer, em parte, de ter passado a ser considerado uma espécie de enciclopédia "clássica" de vanguarda, que poucos hão de ler cumpridamente, mas todos precisam ter à mão, para obrigatória consulta. Obra difícil, de difícil tradução e difícil leitura, seu advento deve ser saudado com entusiasmo. Seu sucesso há de encorajar, quem sabe, outras editoras a outras proezas. E, quem sabe, até mesmo a sua própria editora, onde a simples presença desse *Ulisses* já cria uma saudável contradição, respondendo sobranceiramente à maldição dos lukacsianos tardios e retardados, que pretenderam paralisar nos estereótipos do século passado o avanço da literatura brasileira, sob a falsa presunção de que país subdesenvolvido só pode ter cultura subdesenvolvida.

Situado, assim, o "momento", sumamente oportuno, da chegada do *Ulysses* ao Brasil, passemos ao exame de sua tradução, "nunca assaz louvada", como se diz, e aqui deve ser dito.

Não é preciso encarecer as dificuldades de se traduzir uma obra como *Ulysses*. Verdade é que, a esta altura, o trabalho do tradutor está bastante aplainado pela existência de boas traduções em vários dos principais idiomas conhecidos, e por farta literatura interpretativa. Contudo, ainda assim a tarefa é das mais complexas, qualitativamente problemática e quantitativamente penosa. É, em grande parte, como traduzir um longo e intrincado poema. Porque se Ezra Pound preconizava que a poesia deveria ser tão bem escrita quanto a prosa, pode-se afirmar que *Ulysses* exige do prosador que o romance seja tão bem escrito quanto um poema – um poema rigoroso em que cada palavra seja medida e meditada. (Quantos romancistas brasileiros, além de Oswald de Andrade e Guimarães Rosa, atenderiam, a rigor, a esse requisito?). Joyce asseverou, certa vez, que trabalhava em seu romance "como um galé". E esse trabalho--escravo durou não menos de 7 anos. Assim, bem pode compreender o leitor brasileiro a quanto se propôs Antônio Houaiss, indo reviver nos "trabalhos forçados" de sua tradução, por um ano, os labores e torturas da criação joyciana. Traduzir *Ulysses* razoavelmente já seria tarefa de altos méritos e de indiscutível importância para o nosso meio. Mas Houaiss fez mais e melhor. Realizou uma tradução brilhante e criativa, a ser colocada, certamente, entre as melhores que do livro se fizeram.

A admiração e o respeito que merece o trabalho de Antônio Houaiss não impede, porém, antes instiga ao exame objetivo e criterioso de sua tradução e ao debate das soluções oferecidas. Esta, a meu ver, a melhor maneira de homenageá-lo. E a mais proveitosa. Tanto mais que uma tradução de *Ulysses* ou do *Finnegans Wake* não pode pretender senão um caráter provisório, aproximativo. Há sempre, para o tradutor consciente, a perspectiva de aperfeiçoar, de chegar mais perto de um original tão desafiante quanto insidioso. Como observou o argentino J. Salas Subirat, a aceitação do caráter não definitivo de sua tradução permitiu-lhe corrigir e melhorar a segunda edição, com base em críticas, comentários e esclarecimentos derivados da existência da primeira. E Haroldo de Campos: "Traduzir James Joyce, especialmente fragmentos do *Finnegans Wake*, é uma ginástica com a palavra: um trabalho de perfeccionismo. Algo que nunca assume o aparato estático do definitivo, mas que permanece em movimento, tentativa aberta e constante, trazendo sempre em gestação novas soluções, 'pistas' novas, que imantam o tradutor, obrigando-o a um retorno periódico ao texto e seus labirintos"[2].

A minha homenagem a Antônio Houaiss deverá ser, portanto, como a sua própria, enquanto crítico, à "problemática" poesia concreta, um "ato de inteligência", para usar de uma expressão cara ao autor de *Seis Poetas e um Problema*. Que, pelo menos em James Joyce e em *Ulysses*, encontram ele e a poesia concreta um terreno comum para a concórdia. Pois se Houaiss permanece incrédulo ante o "problema" da poesia concreta, tanto ele como nós podemos acreditar, ainda que por motivos diferentes, nas meditações finais de Leopold Bloom: "De um certo só único reclame a fazer os passantes parar de espanto, um cartaz novidade, com todas as acreções estranhas excluídas, reduzido a seus os mais simples e os mais eficientes termos não excedendo o átimo de visão fortuita e côngrua com a velocidade da vida moderna."

2

O motivo principal da excelência da tradução que Antônio Houaiss fez de *Ulysses* reside, a meu ver, na sua radicalidade. Entre verter simplesmente "as ideias" do texto, aclimatando-as ao "gênio da língua portuguesa" e subverter o idioma para corresponder às invenções do original inglês, Houaiss optou por esta última alternativa. E o fez, por vezes, com mais arrojo que os seus mais conhecidos predecessores na tradução de *Ulysses*. Radical no seu empreendimento, Houaiss consegue, assim, em muitos passos, re-criar em português a criatividade do livro. E dizer isso, quando o criador é James Joyce, é dizer muito. Não posso concordar, portanto, com Otto Maria Carpeaux quando afirma que Antônio Houaiss "traduziu a obra para o português, ficando fiel ao gênio línguístíco de Joyce sem trair a língua portuguesa"[3]. Não.

2. Ver supra, p. 27.
3. Otto Maria Carpeaux, "*Ulysses* Enfim Traduzido", Suplemento Literário de *O Estado de S. Paulo*, 15-1-66. Lembre-se que, para Rudolf Pannwitz, cuja opinião é endossada por Walter Benjamin ("A Tarefa do Tradutor"), o erro fundamental do tradutor é respeitar excessivamente os usos da própria língua, em lugar de deixá--la receber o impulso violento e enriquecedor que vem do idioma estrangeiro.

A essência revolucionária da obra de Joyce está precisamente na sua insubmissão ("non serviam") aos cânones linguísticos. Desse "crime" de lesa-língua não há como pretender expurgá-la. Assim como será impossível ficar fiel ao espírito da obra sem transportar a sua insubordinação linguística para o idioma em que se queira convertê-la. Insubordinação agravada, em nosso caso, por certas diversidades estruturais entre o inglês e o português. O caso requer antes uma inversão de preceito: *traditore, traduttore*. E foi isso mesmo que Antônio Houaiss compreendeu, optando por uma tradução também "antinormativa", que agride a língua e o leitor com o insólito de suas re-criações vocabulares e sintáticas.

Assim, por exemplo, o problema das palavras compostas. Já observou Edward Sapir que o inglês, aproximando-se nesse passo de uma língua isolante como o chinês, tende à criação de palavras compostas, que se constituem em unidades mais complexas, o que já não acontece com o francês, embora tenha este idioma uma ordem tão rígida para colocar as palavras como o inglês. Para expressar a ideia de "aguadeiro", diz o chinês "chui fu" (água homem), e o inglês, para significar "máquina de escrever" diz "typewriter" (ou, literalmente, "tipo escritor")[4]. Análogas características apresenta a língua alemã: "Streichholzschachtel", "riscomadeiracaixa", isto é, "caixa de fósforos". Esse processo formal, extremamente moderno, pela dinamicidade com que permite relacionar diretamente os conceitos sem mediações sintáticas, ocorre em muito menor incidência num idioma como o português. Em *Ulysses* e em *Finnegans Wake*, Joyce levou ao paroxismo as virtualidades, do seu idioma, compondo, fundindo e confundindo vocábulos, criando neologismos de toda espécie, até chegar, na última obra, aos imensos polissílabos de 100 letras que assinalam a "fala do trovão".

Na literatura alemã vamos encontrar em Arno Holz, poeta dos fins do século passado, só há pouco reabilitado, um parelho inventor de palavras compostas. Dele já vertemos para o português o poema

---

4. Edward Sapir, *Language*. Harcourt Brace & Co, NN., 1949, pp. 64-65.

"Barocke Marine" (Marinha Barroca), onde há criações vocabulares como "rubintraumlichtkarfunkelndste" (rubisonholuscofaiscar-búncula), num estudo comparativo com o único poeta brasileiro que, antes de Joyce, fez uso sistemático da criação de palavras compostas: Joaquim de Sousândrade[5]. E Sousândrade, mais do que Holz ou Joyce, lutou contra "o gênio (ou o fantasma) da língua", o que confere a suas criações – menos complexas, é verdade, que as daqueles escritores – um valor especial.

Podem-se apontar, sem dúvida, ainda antes de Sousândrade, nos árcades portugueses e brasileiros, em Odorico Mendes, mestre de Sousândrade, e em Filinto Elísio, mestre de Odorico, precedentes "compositores de palavras". Odorico, o "pai rococó" das traduções sintéticas da Ilíada e da Odisseia: olhicerúlea, glaucópide, criniazul, bracicândida, auritrônia, claviargêntea. Filinto: bastaria citar aquela "lacraia vocabular" ainda há pouco lembrada por Augusto Meyer[6]: "capribarbicornipedesfelpudos". Filinto Elísio, a quem – segundo Rodrigues Lapa – muitos censuravam "a monomania das palavras compostas", propugnou em prosa e em verso pela fabricação de compostos e neologismos, afirmando: "Que enfeite e gala não recebe a língua, / quando são por mão sábia colocadas / compostas, que nos forram largas prosas / e que dão novidade e dão deleite / a quem lhes sabe dar o preço e estima!"; e justificando-se: "Os escritores que dizem pouco em muito folgam de circunlocuções. Eu, que sou preguiçoso de escrever, quisera (se coubesse no meu fraco talento) que cada palavra encerrasse um período. Assim, quanta mais escritura forrar posso, mais mão lanço de termos compreensivos de ampla significação: modernos, antigos, latinos, estrangeiros, tudo entra no saco, tudo me faz conta, logo que sejam curtos, expressivos e sonoros"[7]. Mas essas manifestações esporádicas foram sempre combatidas como excentricidade e nunca se incorporaram à tradição literária,

---

5. Augusto e Haroldo de Campos, "De Holz a Sousândrade", Suplemento Literário de *O Estado de S. Paulo*, 17-11-62.
6. Augusto Meyer, *A Forma Secreta*, Lidador, Rio de Janeiro, 1965, p. 46.
7. Cf. Rodrigues Lapa, *Poetas do Século XVIII*, Lisboa, 1941, p. 46.

para não falarmos na tradição do idioma. Sousândrade é o primeiro poeta de nossa língua em que as palavras compostas parecem se articular sem deixar a descoberto os andaimes da construção, passando de procedimento artificial a processo natural, orgânico e sistemático. E, ainda assim, foram inovações como essas que lhe valeram a "danação provinciana" e o olvido do qual só há pouco foi retirado[8].

"Traindo", pois, a língua, mas integrando-se na mais legítima e revolucionária antitradição sousandradina, Antônio Houaiss respondeu ao desafio dos novos compostos joycianos com um análogo estoque de compostos neológicos em português. E foi além, algumas vezes, propondo-se traduzir sinteticamente inclusive alguns compostos já lexicalizados e incorporados ao inglês cotidiano.

Assim, se encontramos em Sousândrade: verdevivas, claro--azul, brunolúcidas, negro-nítido, luz-negrores, escuro-límpidas, alva-umbror, plúmbeo-luzidas, cristal-diamantes, áureo-diáfano--cinzenta, encontramos em Antônio Houaiss, correspondendo às tomadas "imagistas" de James Joyce: verdemuco, azul-pálido, azulívido, azul-esfumaçados, alvicúmulo, nigridebruados, escuromatizadas, cinzempoeiradas, luciverdevelada.

As palavras-montagem com que Sousândrade opera reduções sintáticas e compressões semânticas, muita vez com função metafórica, jungindo substantivo a substantivo, também ressurgem para ripostar, em português, às ousadias joycianas. Sousândrade: pó-nevoeiro, nuvens-sonhos, sorriso-dardos, céu-luz, esfinges-ataúdes, espuma--vida, dor-humanidade, terra-céus, seios-céus, intermédio-homem, deus-coração. Joyce (Houaiss): gesto-jato, marsorriso, corja-escriba, faunomen, açocascos, solsabonete, cochechicote, arvorecéu, homenicéu, mulherfantasma.

8. Um estudo aprofundado dos compostos sousandradinos foi feito em *ReVisão de Sousândrade*, por Haroldo e Augusto de Campos, Invenção, São Paulo, 1964; 3ª edição revista e aumentada, São Paulo, Perspectiva, 2002. Pode ser consultado, alternativamente, o nº 25 (março 64) da *Revista do Livro*, onde foi impresso o ensaio, "Sousândrade: o Terremoto Clandestino" que constitui a introdução daquele livro. Um resumo da matéria encontra-se em *Sousândrade*, Agir, Col. Nossos Clássicos, Rio de Janeiro, 1966.

Frequentemente, Houaiss prefere as construções arcaizantes, remontando a latinismos de gosto arcádico: piscideuses (fishgods), onde poderia estar deuses-peixes; auridígito (goldfinger); vulpi-olhos (fox-eyes). Nesse passo, aproxima-se mais de Odorico Mendes, e nem sempre com felicidade, pois os vocábulos se inflam de uma recarga de erudição que não corresponde ao original. Veja-se, por exemplo, aquele "oxeyed goddess" (p. 317 do *Ulysses*) que Houaiss verte por "deusa oculivacuna" (p. 367 do *Ulisses*) quando seria tão mais cursivo traduzir por "olhibovina" (os próprios Filinto e Odorico não foram além de "olhitoiro" e "olhitáurea" ...). Sousândrade, dando preferência à justaposição direta substantivo-substantivo, soa mais atual: olhos-alma, negrume-luz-esquecimento, brancura-força-sentimento.

Númerosíssimas, na tradução de Houaiss, são as construções participais e gerundiais: lagrimenceguecida, sanguinifiorida, vergonhiferidas, salbranqueado, pluvirrociado, languidoculadas, laranjimatizadas, cetinforrado, usipolido, rubrifolegando, azulverberando, surdestrepitando, lerdifalando, mansirangepisando, festiflorindo. Como em Sousândrade: cristáleo-lagrimadas, pontiagudo-erguidas, lúcido-polidas, altivo-empinado, argênteos-arreados, vago-encantado, nevoento-congelidas, rubro-ardendo, límpido-luzindo, longe-olhando. Certos compostos, de acentuado tom grotesco, tais como "leonijubosos" (p. 469), "guinchupachupas" (p. 484), ou "rubricabeludo... hirsutibarbudo rasguibocudo" (p. 336), trazem à memória a teratologia vocabular que Arno Holz criou para descrever os seus monstros marinhos: "focarregaladas, ursohirsutouriçadas, elefantrombeijantes, leocrinagotejubantes, cachalotecachaçograxogrossinchantes antas do mar!". Verbos compósitos são também recunhados por Houaiss: lentigalopava, abrissaltavam-se, sobrecharadava, rastrengatinhava, dedimeditam, fautissorriu, dentiarreganhava, livrevoar. Sousândrade: florchameja, floresencham, terra-inundam, fossilpetrifique, vago-ecoa, grande-ecoavam, grand'estrelejam, luz-refrata-se, gil-engendra, sobre-rum-nadam. Houaiss, "sherlockolmizando". Sousândrade, antes, "chamberlainizando".

3

Contagiado pela paixão joyciana da composição de palavras, Antônio Houaiss, por vezes, toma a iniciativa de montar vocábulos à margem do texto. Simples palavras como "puzzling" ou "frowning" podem converter-se em "manimisturando" ou "frontipregueando". "Choked" se expande num "esganenganou-se". "Lines in her eyes" se adensa num "olhos congestriados". "He snapped the blade" pode relampaguear num sugestivo "ele estalidobrou a lâmina". Convencem menos as conversões sintéticas de compostos lexicalizados, como a de "sunlight" em "soliluz", "milkwhite" em "lactibrancos", "shortlived" em "curtiviva" pela falta de correspondente vivência semântica.

Uma das grandes dificuldades da transposição para o português é a brevidade dos vocábulos ingleses. "Cordissentidos" traduzirá "hardfelt"? "Pluvirociada", "raindew"? "Marifrígidos", "seacold"? "Mosquicocozadas", "flyblown"? "Frescamaciadas", "coolsoft"? Como verter convenientemente os jorros de minissílabos do tipo de "Jog jig jogged stopped. Dandy tan shoe of dandy Boylan socks skyblue clocks came light to earth" (p. 278). Houaiss, desta vez, não nos dá solução satisfatória: "A sege gingante gingando parava. Os fuleiros sapatos amarelos das fuleiras quadrículas das meias azul-céu de Boylan tocaram leve a terra" (p. 321).

Vantajoso, por isso mesmo, é o uso das aglutinações, que, além de diminuirem, amaciam, tornam mais dúcteis os compostos: "embotamancados" (grossbooted), "engolinguiças" (sausageating), "marideal" (dreamhusband). E que poderiam ter sido mais usadas em outros momentos: "pluvivapor" (rainvapour), por que não "chuvapor"? "Mascacadáver" (corpsechewer) não poderia ser simplesmente "mascadáver"? Brilhante é aquele "olhofotes" (piumeyes), que faz mais uso da sobreimpressão trocadilhesca do que da montagem. Mas "lupinolhos" (wolfeyes) faz-nos pensar que poderia ter sido aproveitada a maior cursividade virtual de "lobisolhos".

Certas montagens de palavras em cachos de rimas criam problemas para o tradutor. "Glareblareflare", "cintilibrilhichispeantes". "Scotlootshoot", "espalhipilhidisparam". "Ickylickysticky"⁹, "liquilactichuposos". "Helterskelterpelterwelter", "atabalhoadarremessarebuliçoadamente". "Melow yellow smellow", "fornudos ricudos amareludos". Em todos esses casos não se conseguiu recriar o efeito do texto inglês. Mesmo no último, faltam às rimas forçadas em "udo" a naturalidade e a música do original. Seria interessante repensá-las. "Glareblareflare", algo assim como "riscapiscafaísca". Houaiss, de resto, traduziu muito bem uma palavra-montagem desse tipo: "huggermugger in corners", "pisque--dizque pelas esquinas"!

É preciso muito cuidado com as armadilhas vocabulares que nos armam as fusões de palavras: "azultrajadas" (bluerobed) entremostra um inesperado "ultrajadas", e "garotouro" (girlgold), um "touro" indesejável...

De qualquer forma, Houaiss sai-se em geral galhardamente da empresa, com um saldo muito mais positivo do que negativo de re-criações. E embora, uma ou outra vez, se valha das lições de outros tradutores – veja-se aquele excelente "O mar verdemuco. O mar escrotoconstrictor", que já está no italiano "Il mare verdemoccio. Il mare scrotocostrittore", ou aquela "miriadinsulada" que figura na versão espanhola – o fato é que Houaiss parece ir sempre um pouco além de seus antecessores no afã de corresponder às invenções léxicas do texto, "almosting it", ou seja, "quasequaseando-o".

Mas para que se tenha ideia mais precisa da radicalidade com que o nosso tradutor se empenhou no processo, convém que se comparem algumas de suas soluções com as das traduções francesa, espanhola e italiana (esta última, assinada por Giulio de Angelis, tendo como consultores Glauco Cambon, Giorgio Melchiori e Carlo Izzo, o conhecido tradutor de Ezra Pound). Eis aqui alguns poucos mas expressivos exemplos. Joyce: "Woodshadows floated silently by" (p. 11). Trad. francesa: "L'ombre des fôrets flottait". Trad. espanhola: "Sombras vegetales flotavan silenciosamente". Trad. italiana: "Ombre silvane attraversavano fluttuando silenziose",. Houaiss: "Vegetissombras flutuavam silentes"

---

9. Na 2ª edição "cheiilambigrudosos", que não resolve o problema da estrutura rímica original.

(p. 11). Outro exemplo. Joyce: "Eve. Naked whitebellied sin. A snake coils her, fang in's kiss." (p. 196). Trad. francesa: "Ève. Péché nu d'un ventre-monçeau-de-froment. Un serpent l'entoure de ses replis, baiser-morsure." Trad. espanhola: "Eva. Desnudo pecado de vientre de trigo. Una serpiente la arrolla, el colmillo en su beso." Trad. italiana: "Eva. Nudo peccato del ventre di frumento. Un serpe l'avvinguia, zanna nel suo baccio." Houaiss: Eva. Ventrigal pecado nu. Uma serpente a coleia, colmilhobeija." (p. 227). Finalmente, a construção aliterativa "loudlatinlaughing" (p. 43), que a tradução francesa desarticula em "s'esclaffent en leur latin", a italiana simplifica em "latinvociando", a espanhola aproxima com "estallanlatinriendo" e a brasileira reproduz com uma sonoríssima tmese: "garlatingalhante" (p. 47).

O exame comparativo das soluções oferecidas pelos tradutores para resolver os impasses a cada passo formulados pelo texto é uma festa para a língua. Algo assim como assistir a uma competição atlética. Porque se a clássica tradução de Auguste Morel e Stuart Gilbert, revista por Valéry Larbaud e pelo próprio Joyce, se revela mais tímida que as outras, não deixa de oferecer surpresas e lances magistrais, como por exemplo quando verte aquele "mouth to her womb. Oomb, allwombing tomb." (p. 48) – cuja sonoridade em eco se dilui na tradução de Houaiss, "boca contra o ventre dela. Umba, omniventrante tumba" (p. 54) – por "bouche à son ventre. Antre, tombe où tout entre." Nessa imaginária competição não posso dizer ao certo qual seja o lugar de Houaiss. Sei que compete de igual para igual, e, neste ou naquele momento, chega a ultrapassar os seus respeitáveis concorrentes.

Já apontei alguns desses momentos em que se patenteia a superioridade das soluções de Houaiss quanto à economia dos meios de expressão. Poderia lembrar outros, relativos a aliterações, paronomásias e rimas internas, tão frequentes nos textos de Joyce, mas nem sempre observados pelos tradutores. Um dos pontos positivos da tradução de Houaiss é, precisamente, a meticulosidade com que se dispôs a seguir, passo a passo, os efeitos formais de *Ulysses*. Um indício dessa disposição já se revela na escolha das palavras que abrem as três partes em que se divide a obra, de modo a conservar as grandes iniciais simbólicas: S (Stephen), M (Molly) e P (Poldy), cuidado que não teve nenhum dos outros tradutores. Vejam-se, ainda, os acrósticos da p. 80 do *Ulysses*, com as siglas IHS e INRI, que Houaiss mantém ("isso? homem! sacrilégio:", "isso? homem! sofrimento," e "impuseram nele rudes infâmias" – p. 91), mas que a versão espanhola, por exemplo, inadvertidamente, omite.

Eis alguns dos efeitos sonoros que Houaiss reproduz com felicidade e que passam mais ou menos em branco nas demais traduções. Rima interna: Joyce: "Dun for a nún." (p. 94). Trad. francesa: "Bai pour les curés." Trad. espanhola: "Pardo para una monja." Trad. italiana: "Baio per le monache.". Houaiss: "Escura para um cura." Aliterações: Joyce: "Flapdoodle to feed fools in." (p. 159). Trad. francesa: "De la viande creuse pour les imbéciles." Trad. espanhola: "Estupideces para embaucar a los tontos." Trad. italiana: "Datela a bere ai fessi." Houaiss: "Baboseiras para embasbacar bobocas." (p. 183). Joyce: "ruffle his fell of ferns." (p. 372). Trad. francesa: "ébouriffer sa fourrure de fougères." Trad. espanhola: "rizar el vello de los helechos." Trad. italiana: "scompillare la sua pellicia di felci." Houaiss: "frufrulhar seu feltro de fetos." (p. 430). Neste último caso, só a francesa e a brasileira acompanham a tensão aliterativo-onomatopaica da frase. Nos anteriores, só a de Houaiss funciona totalmente, como neste outro exemplo, em que o tradutor brasileiro consegue uma perfeita equação fonética: Joyce: "Neck or nothing." (p. 463). Trad. francesa. "Le coût d'un cou." Trad. espanhola: "Precio por cuello." Trad. italiana: "Il collo o nulla." Houaiss, lapidar: "Nuca ou nada." (p. 521).

Infelizmente, não se pode dizer que a edição tenha correspondido com os mesmos cuidados, pois são numerosos os erros de revisão e até um trecho de escrita musical (a canção de Harry Hughes) aparece de cabeça para baixo (p. 730)!

4

A "luta com as palavras", na tradução de um livro como *Ulysses*, é um permanente ganha-perde para o tradutor exigente. Perde-se um "round" para ganhar-se outro. Marca-se um tento, leva-se o troco. A tradução brasileira é, felizmente, uma partida ganha, ao cabo. Ganha por Houaiss, para nós, no tempo-recorde de um ano. Digo-o com verdadeira satisfação e sincero reconhecimento. Mas mesmo um excelente recordista como se revelou Houaiss, nessa sua primeira incursão criativa, tem seus momentos menos lúcidos, sofre seus "knock-downs" ou leva seus dribles, no memorável prélio, de que sai, afinal, vitorioso. Anotei, para discussão, algumas das soluções que me pareceram insatisfatórias, assim como uma ou outra falha, que assinalo, não com o propósito de diminuir o admirável trabalho do tradutor brasileiro, mas com o simples objetivo de colaborar com algum reparo de leitor aplicado das duas odisseias – a do *Ulysses* e a do *Ulisses* – para o aperfeiçoamento da tradução, já excelente, naquilo em que ainda possa ser aprimorada.

Ofereci, já, diversos exemplos da precisão e da meticulosidade com que o nosso tradutor procurou reproduzir os efeitos do original. Outros trechos, no entanto, como é natural em obra dessa natureza, e ainda mais, elaborada em tempo tão exíguo, careceriam de mais adequada transposição, para se elevarem ao nível de soluções como as apontadas.

Assim, algumas sequências aliterativas, de maior ou menor importância, ficaram sem tradução: "Memories beset his brooding brain." (p. 11), "Lembranças assaltaram-lhe o cérebro meditabundo." (p. 11). "Full fathom five thy father lies." (p. 50), a célebre linha de "A Tempestade", de Shakespeare, que se perde em "Sob braças inteiras, cinco, teu pai jaz." (p. 56), e que poderia ser vertida por algo como: "Teu pai repousa em paz a trinta pés." (uma braça = seis pés). "He tossed the tissues on to the table." (p. 127), que não vem no "Espalhou as provas sobre a mesa." (p. 145). Às vezes, um ligeiro retoque bastaria para acertar o mecanismo da tradução. "Joking Jesus", (p. 21),

"Jesus Brincalhão" (p. 22), que os demais tradutores vertem superiormente por "Jesus Jovial", "Jesus Jocoso", "Gesú Giullare". "Girls in grey gauze" (p. 69), "Garotas de gaze cinza" (p. 78), onde um "gris" poderia completar a aliteração[10]. "O my rib risible!" (p. 128), "Ai minhas costelas ridentes!" (p. 147), onde talvez "casquinando" ou "casquinantes" funcionassem. "And the gentleman goes a gallop a gallop a gallop a gallop." (p. 522), "E o cavalheiro galope a galope etc." (p. 573), onde teria sido melhor conservar "gentil-homem". Casos há em que a aliteração é mantida a duras penas, como na linha: "Before born babe bliss had. Within womb won he worship." (p. 378), traduzida muito forçadamente por "Não nado neném nídulo tinha. Verso ventre vencia veneração." (p. 436). No episódio a que pertencem estas frases ("Gado do Sol"), Joyce recapitula a evolução da prosa inglesa através da paródia de vários autores, a partir das primitivas sequências aliterativas e monossilábicas da literatura anglo-saxônica. Há todo um período nesse estilo que. se perde na tradução: "In ward wary the watcher hearing etc... a "That man her will wotting worthful went in Horne's house." (p. 379). O trecho correspondente na tradução de Houaiss é: "Em cuidado cuidoso a cameira ouvindo chegar etc." ... a "Esse homem dela digna a vontade sabendo entrou a casa de Horne." (p. 437). Precisaria ser melhor trabalhado. Já outras séries aliterativas do mesmo episódio encontram boas equivalências no texto português. "With will will we withstand, withsay." (p. 385), "Num não nos negaremos, nêtamente." (p. 444), que ecoa Guimarães Rosa (*Grande Sertão: Veredas*, 2ª ed., p. 79): "Num nu, nisto, nesse repente, desinterno de mim, um nego forte se soltou." Ou, muito mais adiante, aquele "never nowhere nohow" (p. 712), "nunca nenhures nehumamente" (p. 778) que recorda as linhas esgotantes das *Galáxias* de Haroldo de Campos: "e nada e néris e reles e nenmada de nada e nures; de néris e reles de ralo de raro e nacos de necas e nanjas de nullus e nures de nenhures e nesgas de nulla res e nenhunzinho de nemnada de nunca etc." (*Invenção* n. 4, dezembro de 1964).

---

10. Houaiss adotou esta sugestão na 2ª edição.

Mas é preciso lembrar que Houaiss compensa essas lacunas, acrescentando, aqui e ali, jogos aliterativos inexistentes no original. Logo no início, este belo: "Parando, perscrutou a escura escada espiral." (p. 3), por "Halted, he peered down the dark winding stairs." (p. 5). Ou: "As caras cavalares ovaladas. [...] Queixadas queixudas." (p. 45), por "The oval equine faces. [...] Lantern jaws." (p. 40).

Um dos episódios mais difíceis de traduzir é, sem dúvida, o capitulado como "Éolo". Segundo observa Stuart Gilbert, no seu clássico *James Joyce's Ulysses*, "as trinta e duas páginas desse episódio compreendem um verdadeiro tesouro de artifícios retóricos e poderiam, na verdade, ser adotadas como livro de texto para estudiosos da arte da retórica." Gilbert fornece mesmo, a título meramente exemplificativo, uma lista de alguns dos efeitos técnicos empregados: metonímia, quiasmo, metáfora, anáfora, diérese, assíndeto etc. etc. Apesar da advertência de Stuart Gilbert e da necessidade de serem reproduzidos os artifícios retóricos em questão dada a sua inserção programática e temática no contexto, os tradutores de Joyce têm deixado passar vários deles sem conveniente recriação. Assim, aquele "Clamn dever" (p. 136), exemplo de metátese, que escapa à tradução francesa ("Bougrement fort") e à espanhola ("Indemoniadamente ingenioso") mas não à vigilância de Antônio Houaiss que o verte corretamente com uma simples transposição das primeiras letras: "Banadamente drilhante" (p. 156). No mesmo trecho, que tem o significativo título de "Clever, Very", Joyce encaixou duas frases palíndromas, i. é., que podem ser lidas tanto da esquerda para a direita como da direita para a esquerda: "Madam, I'm Adam. And Able was I ere I saw Elba." (p. 135). Houaiss não traduz o artifício senão parcialmente, numa ou noutra palavra: "Madame, sou e'm Adam. E Abel fui antes de ser Leba." (p. 156)[11]. Dos demais tradutores, só Subirat procura reproduzir, na íntegra, o efeito. Aqui, é a "palindromia", como artifício estilístico, que interessa a Joyce, mais do que o significado dessas frases "nonsense". O importante, pois,

---

11. Houaiss corrige o defeito assinalado, na 2ª edição, usando um palíndromo completo: "Madame, oro e'm Adam – Abel met'em Leba".

é que se encontrem palíndromos equivalentes em português, sem uma literalidade semântica absoluta. Ex.: "Ave, Adam, a amada Eva, Roma me tem amor". No trecho seguinte, "Rhymes and Reasons" (Rimas e Razões), há uma enfiada de rimas: "South, pout, out, shout, drouth" (p. 136), que Houaiss traduz por "touca, oca, louca, pouca, sopa" (p. 157), onde a palavra "sopa" está, evidentemente, sobrando. Poderia ter usado "rouca", para não repetir a palavra "boca" usada no início do trecho. Nessa mesma cena há o interessante problema da construção tmética "underdarkneath" (underneath + dark), que Stuart Gilbert classifica como anastomose. Houaiss traduz "underdarkneath the night" por "subinfrobscura a noite"[12], atrelando dois prefixos ao adjetivo, mas sem reproduzir o efeito de imbricação da palavra no meio da outra, que lembra aquele "sobre-rum-nadam" de Sousândrade. A tradução francesa passa de longe, "par le noir sous la nuit". A espanhola e a italiana são apenas sofríveis: "en la profundoscurada noche" e "sottoilner dellanotte". Uma tradução mais fiel poderia ser "subnegrimersos na noite" (submersos no negro da noite). Ainda no "Éolo" aparece, incorporada ao texto, como exemplo de anagrama, a palavra "feststoops" (por "footsteps") que Houaiss deixa passar com simples "passadas" (p. 145)[13]. "Sappi", verteu o tradutor italiano, invertendo "passi". Uma sugestão seria "tompapés" (por "pontapés").

Um outro problema que Houaiss parece não ter advertido é o de certas frases-tema que, por sua própria natureza recorrente, demandam univocidade na tradução. Assim, "the mockery of it" (pp. 5, 8 e 545), que Houaiss traduz, de cada vez, de maneira diferente: "A pilhéria que há nisso" (p. 4). "O ridículo da coisa" (p. 7), "A troça que há nisso" (p. 610)[14]. "Rattle his bones", repetida duas vezes na p. 95, é traduzida ora por "batem seus ossos" ora por "chocalham seus ossos" (p. 109)[15].

---

12. Na 2ª edição, Houaiss passa para "subobscurinfra a noite" que ainda parece insuficiente, refugindo ao modelo tmético do texto original.
13. Na 2ª edição, "dassapas", incorpora o anagrama, mas é solução pouco criativa.
14. Na 2ª edição, Houaiss unificou a tradução, repetindo a frase "a pilhéria que há nisso".
15. Unificado por "Chocalham seus ossos", na 2ª edição.

"Clapclop. Clipclap. Clappyclap." (p. 252), algumas das palavras-motivo que introduzem o episódio das "Sereias", e que, no original, são identificadas à p. 271 como ruído de palmas, foram traduzidas primeiro por "Chapechope. Chipechape. Chapechape." (p. 291)[16] e depois por "Plaqueplaque. Plaqueplacplac. Placplocplac." (p. 314), para em seguida serem confundidas com o "chapechape das ondas" ("the plash of waves") da p. 320. Isto pode parecer uma nuga, mas num capítulo que é definido por Joyce como "fuga per canonem" e estruturado pelos parâmetros temáticos do "ouvido" e da "música", toda a atenção auditiva é pouca. "Icky licky micky sticky for Leo!" (p. 466), que ressurge aglutinadamente à p. 570 ("ickylickysticky yumyum kisses"), vertida por "cheiinhos, lambidinhos, molhadinhos, grudadinhos para Leo!" (p. 524), está irreconhecível na sua reaparição em "liquilactichuposos[17] beijos" (p. 614). Por fim, os versos-tema, repetidos com ligeiras variações: "The hungry famished gull / Flips o'er the waters dull." (p. 150), "The dreamy cloudy gull / Waves o'er the waters dull." (p. 164), "Where dreamy creainy gull / Waves o'er the waters dull." (p. 539), passam por profundas metamorfoses que perturbam a sua recorrência, nas versões de Houaiss: "Voraz a ávida gaivota / Revoa o mar e se abarrota." (p. 172). "Onírica nefelíbata gaivota / Ondula por sobre os mares sua derrota." (p. 188). 'Onde a branca sonhadora gaivota / por sobre as águas ondeia sua rota." (p. 588).

5

Há a questão dos versos, esparsos por todo o livro: cançonetas, estribilhos, citações, nos mais variados estilos. Pediriam, em geral, tratamento mais específico, isto é, poético, na tradução. "O, poor Robinson Crusoe, / How could you possibly do so?" (p. 108), "Oh, pobre Robinson Crusoe, / Fazer isso como é que pudeste?" (p. 125). Perdeu-se a rima-mosaico "Crusoe / do so"[18]. Também os versos do

---

16. Na 2ª edição, Houaiss corrigiu para "Plaqueplaque. Plaqueplacplac. Placplocplac."
17. Na 2ª edição: "cheiilambigrudosos" procura unificar as soluções.
18. Na 2ª edição: "Oh, pobre Robinson Crusoe, – Fazer isto pudeste, como é?"

"limerick" de Mr. Mac Trigger (pp. 169-170 do *Ulysses*), com suas rimas "nigger", "Mac. Trigger" "wives", "lives", "bigger", se dispersaram na tradução (pp. 195-196).

Mas tome-se um exemplo mais completo: "On swift sail flaming / From storm and south / He comes, pale vampire, / Mouth to my mouth." (p. 131). "Flamejante velame morcegueiro, / Do sul, ei-lo, do sul tempestuoso / Ei-lo que chega, pálido vampiro, / A colar sua boca a minha boca." (p. 150). A tradução perdeu o ritmo e o impacto do original. Seria necessário algo mais tenso e breve: "Em vela flamejante e louca, / Do sul, do sul, vem o vampiro / Para colar-me, sem respiro, / A boca contra a boca".

Restaria, ainda, a discutir, certas fórmulas para determinadas frases ou nomes. "Agenbite of inwit", remordimento da consciência, título de uma obra do século XIV, por Dan Michel de Northgate – segundo esclarece Stuart Gilbert –, e uma das frases-tema importantes do livro, é um desafio para todo tradutor. "Mordiscón ancestral del subconsciente", traduz horrendamente Subirat. Houaiss, melhor: "Remordida do imo-senso". O italiano não traduz. Prefere transcrever simplesmente. O francês: "Morsure de l'ensoi", mais cursivo que a tradução brasileira. A minha sugestão seria; "Remorsura do ensimesmo."

"Silly Milly", o simples e carinhoso apelido da filha de Bloom, é traduzido por "Milly bobilly" (p. 70). A forçada rima híbrida não funciona. Sente-se, aliás, a indecisão da fórmula, pois à p. 74 reaparece invertida, "bobilly Milly, o que é pior. E à p. 735, "Millynha bobinha". Talvez o melhor fôsse usar "Milinha tolinha", que enriquece a rima e soa tão natural quanto "Silly Milly"[19].

A insistente tradução de "his", "her", por "seu... dele", "seu... dela", pode ganhar em precisão, mas perde em concisão e por vezes quebra o efeito rítmico do original: "Seu copo dela com água da bica da cozinha etc." (p. 11), "Her glass of water from the kitchen tap" etc. (p. 11). "Ele chega, pálido vampiro, [...] boca contra o beijo de sua, dela, boca." (p. 54), "He comes pale vampire, [...] mouth to her mouth's kiss." (p.

---

19. Na 2ª edição, Houaiss optou pela unificação com "Millynha tolinha".

48). Já a tradução sistemática de "as" (com o sentido de "enquanto") por "no que" é mais uma idiossincrasia, respeitável, naquilo em que a tradução tem de inelutavelmente pessoal, embora a "souplesse" do texto possa comportar variações. Na mesma pauta das idiossincrasias do tradutor pode figurar aquele "Saravá, meu povo." (p. 618), posto na boca de Eduardo VII, por "Cheerio, boys" (p. 575), ainda que Houaiss possa argumentar, em sua defesa, que Ezra Pound utilizou "slang" do Harlem na tradução de Confúcio e de Sófocles ...

Finalmente, alguns lapsos, poucos. "By Jove" (p. 14) aparece travestido, desnecessariamente, em "Por Baco" (p. 14)[20]. "Better not" (p. 119). "Ele melhor não" (p. 137), onde o "ele" é demais[21]. As citações extraídas de Hamlet não estão adequadamente formuladas em português. "And in the porches of mine ear did pour" (p. 138) não pode ser traduzido por "Gotejaram-me no átrio das orelhas." (p. 158). Impõe-se a terceira pessoa do singular, "gotejou-me", pois o sujeito é o tio de Hamlet referido pelo fantasma do pai deste (Hamlet, 1, v)[22]. Mais uma citação da fala do espectro: "Se jamais tu fizeste..." (p. 214), "If thou didst ever..." (p. 186). Mas a frase completa, em Hamlet, é "If thou didst ever thy dear father love" (Se alguma vez amaste teu pai), onde aquele "didst" não tem a acepção de "fazer", porque é apenas verbo auxiliar, com função enfática. Logo, "Se jamais tu ..."[23]

Outras ligeiras inadvertências. "My master's voice" (p. 465) saiu por engano do tradutor, ou erro de revisão, "A voz do seu dono", à p. 523[24]. Na mesma pagina, "Vobiscumts" não traduz o trocadilho "Vo-biscuits" (vobiscum + biscuits) do original[25]. "Foi depressa demais" ("came too quick"), p. 544; "pra me deixar me ir e ir de novo assim" ("to let myself go with and come again"), "fez eu ir" ("made me spend") e "I

---

20. Corrigido na 2ª edição.
21. Erro tipográfico acusado pelo autor em errata datilografada e distribuída pela editora. Corrigido na 2ª edição.
22. Corrigido na 2ª edição, para "gotejou-me".
23. Corrigido na 2ª edição.
24. Idem.
25. Na 2ª edição, Hoauiss usa "Vobiscoits".

was coming" ("eu fiquei indo"), p. 812. Em todos esses casos o verbo "to come" (assim como "to spend") não tem o sentido de "ir", como está na tradução, mas o de "gozar". À p. 568, lê-se: "Bloom: Sim. Não." O original é: "Bloom: Nes. Yo." (p. 516). A tradução não pode deixar de reproduzir a troca das iniciais: "Nim. São."[26]. Sob pena de frustrar o excelente efeito que acentua a indecisão da resposta de Bloom: um não que é meio sim e um sim que é meio não. A transcrição do russo, mais adiante, "Gospody pomilooy" (p. 651), não pode ficar como está. Essa é a transcrição fonética para o inglês, como o acusam os dois "o" com som de "u". Em português, conviria usar "góspodi pomílui"[27]. "On the day but one preceding" (p. 652), "no dia mas precedente" (p. 701)? Parece-me que o que o texto quer dizer é "não no dia anterior, mas no precedente", ou seja, "na antevéspera". Assim o entende a tradução francesa: "non la veille, mais le jour d'avant".

No monólogo de Molly Bloom foram omitidas algumas palavras pelo tradutor, ou quem sabe pelo revisor, o que é mais do que desculpável, já que se trata de um trecho de cerca de 40.000 palavras sem pontuação. Na pág. 819 falta o correspondente a "I unbottoned him and took his out"[28]. Na página final, falta uma frase inteira importante correspondente a: "as well him as another and then I asked him with my eyes"[29] ("tanto faz ele como outro e então convidei-o com os olhos", na tradução de Haroldo de Campos, supra p. 140). A' p. 838, "eu desejei ser minha pra mim" não corresponde ao que Molly quer significar com "I wished I was one myself" (p. 761): "eu desejava ser um (deles), eu mesma" (ela diz que gostaria às vezes de experimentar ser homem)[30].

Na tradução da parte final desse monólogo, Antônio Houaiss esclareceu ter-se utilizado de uma versão de Paulo Mendes Campos,

---

26. Solução adotada por Houaiss na 2ª edição.
27. Na 2ª edição: "gospodi pomilui".
28. Na 2ª edição Houaiss corrige a omissão.
29. Lacuna tipográfica assinalada na errata da 1ª edição, posteriormente distribuída, e corrigida na 2ª edição.
30. "Sempre eu desejei ser um eu mesma", corrige Houaiss, na 2ª edição.

mas com algumas alterações, porque a considerava literária demais, visto que Molly, mulher de pouca cultura, jamais empregaria um vocabulário como o que o poeta usou[31].

Em minha opinião, Houaiss acentuou em demasia a vulgaridade da linguagem de Molly ("a gente ficou noivos", "penteando ela como se ela amasse ela"). Por outro lado, o uso de palavras como "xailes", "espermo", "obviando", "obramaravilha", "bloomflorescente", "ouro-besouro", "insofrida", "rododendros", "cabeço", "muxarabiê", parece entrar em contradição com o acento popularesco que Houaiss imprimiu a sua versão. E, ainda mais, a solução final, onde o tradutor, em vez da palavra "Sim", usa "Sins", no plural, pretendendo, talvez, um trocadilho com "Sins" (Pecados, em inglês), inexistente no original, e que não pode funcionar na transposição do vocabulário de uma inculta Molly. Evidentemente, Houaiss poderá defender a sua solução como fiel, pelo menos, ao "espírito" joyciano. Mas não estou muito convencido disso. Numa carta a Valéry Larbaud (1921), disse Joyce: "Vous m'avez demandé une fois quelle serait la dernière parole d'Ulysse. La voilà: yes. Autour de cette parole et de trois autres également femelles l'épisode tourne lourdement sur son axe. Il n'y a que huit phrases dont la première contient 2.500 paroles." (*Letters of J.J.*, p. 169). Não me parece que essa palavra-eixo deva ser alterada, mesmo porque a pluralização do "Sim", dando-lhe maior peso específico, quebrando a redundância, põe um definitivo ponto final, fecha a obra, quando o efeito da palavra repetida no contexto é antes o de suspensão, ou, ao menos, o de uma finalização menos enfática. Preferiria, assim, que o livro terminasse com um simples "Sim"[32].

Mas que o pequeno "não" dessa amigável discordância não seja interpretado como um "negative approach" ao meritório trabalho de Antônio Houaiss. Digo e repito, finalizando, porque os labirintos

---

31. Olympio Monat, "*Ulisses*: Anatomia de uma Tradução", *Cadernos Brasileiros*, Rio de Janeiro, março/abril 1966, p. 20.
32. A errata distribuída pela editora deu o "Sins" final como erro tipográfico por "Sims", solução mantida na 2ª edição. Por tudo o que foi dito neste trabalho, ainda prefiro, como Fim, o singelo "Sim" que não foi adotado.

linguísticos de *Ulysses* são incalculáveis e nos levariam muito longe: a brilhante tradução de Antônio Houaiss é um acontecimento digno do maior aplauso. Pode a obra de Joyce comportar mais de uma amorosa aproximação. Mas *Ulysses*-Houaiss já convive conosco, é indispensável à estante de todos nós. "He seehears lipspeech". "Ele vêouve a lábiofala", como traduz Houaiss. Ou, "ele ouvê, falábio", como traduziria certamente o concreto Décio Pignatari, recordando "o olhouvido ouvê" dos manifastos e manifestos concretos de 56. Dez anos após, parece que todos nos aproximamos mais ao contacto do gênio de Joyce. Pois se a poesia concreta era e ainda é "um problema", a linguagem de Joyce, há 40 anos, também o foi. "A massa ainda comerá o biscoito fino que eu fabrico" (Oswald de Andrade).

OUTRAS PALAVRAS SOBRE
*FINNEGANS WAKE**

Augusto de Campos

Quando James Joyce enviou a Ezra Pound, em 1926, alguns dos primeiros fragmentos da "Obra em Progresso" que viria a dar no *Finnegans Wake* – o enigmático e inclassificável "romance" publicado em 1939 – a reação do autor dos Cantos, a cujo entusiasmo e dedicação se devera a publicação de *Ulisses*, foi fria e evasiva: "Tudo o que eu posso fazer é lhe desejar toda a espécie de sucesso. [...] Sem dúvida há almas pacientes, que irão vasculhar qualquer coisa à procura do possível trocadilho... mas... não tendo nenhuma ideia do propósito do autor, se é divertir ou instruir... em suma...". A incompreensão de Pound persistiu ao longo dos anos. Ecos do desentendimento entre esses dois gigantes literários percorrem a correspondência de ambos, trazida à luz pela edição organizada por Forrest Read, *Pound/ Joyce – The Letters of Ezra Pound to James Joyce* (Nova York, New Directions, 1970).

Mas Joyce não se deixou desencorajar pelas objeções de Pound (ao qual replicou, obliquamente, com trocadilhos e alusões no próprio *Finnegans Wake*). "É possível que Pound tenha razão", escreveu a Harriet Shaw Weaver, em 1927, "mas eu não posso voltar atrás." Como esclarece Forrest Read, o escritor se defendia das acusações de obscuridade que lhe faziam à época, argumentando: "Uma grande parte da existência dos seres humanos se passa em um estado que não pode ser tornado sensível pelo uso de uma linguagem 'de olhos abertos', uma gramática pré-fabricada e um enredo linear". A ação de *Ulisses* se passa principalmente durante o dia – afirmava ele –, a ação de "Work

---

* Publicado originalmente, sob o título "Redescoberta do *Finnegans Wake*", no Suplemento "Cultura" nº 86 do jornal *O Estado de S. Paulo*, em 31 de janeiro de 1982. Republicado no livro *À Margem da Margem*, São Paulo, Companhia das Letras, 1989.

in Progress" tem lugar à noite. "É natural que as coisas não sejam tão claras à noite, não é?"

Se *Finnegans Wake* jamais alcançou sucesso popular, pode-se constatar, hoje, que, em espaço de tempo relativamente curto, a posteridade lhe assegurou sobrevivência muito maior do que fazia prever o pessimismo de Pound. Certo é que, a meio século daqueles primeiros fragmentos, as "almas pacientes" se vêm multiplicando, em escala imprevista, na perfuração dessa mina de riquezas vocabulares que o gênio irlandês arquitetou.

Sua linguagem de elaborados trocadilhos e palimpsestos verbais, indo ao encontro das teorias freudianas (*O Chiste e sua Relação com o Inconsciente*, 1905), e seu mundo arquetípico, que responde ao "inconsciente coletivo" do universo junguiano, encontram novas ressonâncias, até mesmo – e por incrível que pareça – na área das comunicações de massa. McLuhan, o "profeta da comunicação", fez de Joyce o seu próprio profeta, enxertando seus livros com um mosaico de citações do "incomunicável" *Finnegans Wake* e chegando a adotar, em *War and Peace in tbe Global Village* (1968), como sinopse da evolução humana, as dez variantes da "fala do trovão", uma palavra de cem letras que recorre, ao longo do *Finnegans Wake*, como prelúdio do tema da "queda" – a queda de Finnegan da escada, à qual se associam as quedas de Adão, de Roma, de Napoleão, de Humpty Dumpty, da maçã de Newton, o "crack" da Bolsa e outros colapsos. Norman O. Brown, cujos livros *Life Against Death* e *Love's Body* integram os catecismos da contracultura dos anos 60, dedicou uma obra inteira, Closing Time (1973), à comparação entre Vico e ... o Joyce de *Finnegans Wake*. John Cage, que já em 1942 musicara o fragmento "The Wonderful Widow of Eighteen Springs", pertencente ao *Finnegans Wake*, prestou mais recentemente novas homenagens a essa obra. A partir da ideia de extrair do texto o que chama de "mesósticos" (acrósticos montados sobre as letras intermediárias das palavras) com o nome de James Joyce, através de operações aleatórias, produziu *Writing through Finnegans Wake* (1977) e *Writing for the Second Time through Finnegans Wake* (1978). E compôs com alguns desses metatextos e mais sons e ruídos também colhidos na mesma obra o *Roaratorio* (rumoratório), *an Irish Circus on Finnegans Wake*, que estreou em 1979. E Cage ainda promete um *Atlas Borealis with the Ten Thunderclaps*, com os dez "trovões" do *Finnegans Wake*, uma obra que, segundo ele espera, provocará nos ouvintes mais a sensação de "ir a uma trovoada" do que "ir a um concerto".

Enquanto isso, no âmbito universitário, prosseguem as pesquisas de sondagem da inesgotável mina do Finnegans, seja em monografias detalhistas, seja em publicações especializadas. Aliás, a revista norte-americana *Tri-Quarterty*, um dos redutos joycianos – outro, mais especifico, é a *James Joyce Quarterly* – devotou o seu nº 38, de 1977, às repercussões mais recentes e ao "trevival", "wake" ou "rewake" – ao despertar, ou redespertar, em suma, do interesse da crítica e dos criadores pela derradeira obra de Joyce. Republicado como livro em 1978, sob o título de *In the Wake of the "Wake"*, o material da revista, organizada por David Hayman e Elliott Anderson, é constituído de estudos e textos criativos que testemunham esse interesse ascencional, nas últimas décadas, contando com a colaboração, entre outros, do próprio Hayman e de Samuel Beckett, John Cage, Haroldo de Campos – com o ensaio, "Sanscredo latinizado: o Wake no Brasil e na América hispânica" –, Arno Schmidt, Philippe Sollers.

Todas essas manifestações vêm atestar a vitalidade e a sedução dessa obra difícil, estranha e aparentemente impenetrável que é o *Finnegans Wake* – uma espécie de história poética, mítica e arquetípica da humanidade, a partir do núcleo familiar constituído por HCE (Here Comes Everybody) e ALP (Ana Livia Plurabelle) – os pais – e Shem, Shaun e Issy – os filhos -, a que se superpõem ou articulam as demais personagens reais ou imaginárias de todos os tempos, de Adão e Eva a Mutt e Jeff e Alice no País das Maravilhas. Uma "continuarração" exposta, num dilúvio de "lapsus linguae", através de um esquema circular, sob o signo de Vico, que conduz as últimas palavras do livro de volta às primeiras linhas.

Caberia à vanguarda dos anos 50 reconciliar as "obras difíceis" de Pound e Joyce – os *Cantos* e o *Finnegans Wake* -, à luz de uma nova concepção poética, derivada da estrutura ideogrâmica da primeira e da apresentação "verbivocovisual" da segunda.

A poeira radioativa da bomba sônica com que o *Finnegans Wake* explodiu, nas fronteiras da poesia, a técnica do romance para os que pensam, obviamente, o romance-arte, não o romance-contador-de--histórias – chegou até nós, desde que foram vertidos para o português alguns fragmentos da "obra em progresso", divulgados, na década de 50, no *Jornal do Brasil* ("James Joyce em Finneganscópio"), e mais tarde em livro, sob o título *Panaroma* (Pan-aroma e não Panorama) do *Finnegans Wake* (1ª edição, 1962; 2ª edição, revista e ampliada, da Editora Perspectiva, 1971).

Ela pode ser encontrada até mesmo nos condutos da comunicação de massa, ali introduzida pelo veneno dos poetas e compositores da música dita popular. Arrigo Barnabé musicou o *Jaguadarte*, o "galunfante" (galopante e triunfante) "Jabberwocky" de um Lewis Carroll revisto e reabilitado para adultos pelo optofone vocabular do *Finnegans Wake*. E Caetano Veloso presta indiscutível tributo ao grande irlandês na reverberação ("sexonhei", "orgasmaravalha-me") das suas "Outras Palavras".

Não é curiosa essa comunicabilidade – maior, comparativamente, que a do próprio *Ulisses* – que se vem revelando no mais incomunicável dos livros de Joyce? Não terá ele tocado em fontes essenciais da linguagem, ao mergulhar tão fundamente no amálgama poético do texto? De qualquer forma, é preciso repensar o conceito ou preconceito do "difícil". Dizia Valéry: "Meu fácil me enfada. Meu difícil me guia". Ou: "O que é difícil é sempre novo". No pórtico dos anos 80, John Cage não diz outra coisa: "Penso que os artistas do século XX que oferecem uma resistência à nossa compreensão serão aqueles a que não cessaremos de ser reconhecidos. Ao lado de Joyce, há Duchamp. E Satie, cuja obra, ainda que aparentemente simples, não é mais fácil de compreender que a de Webern".

No centenário do nascimento de Joyce, nada melhor do que comemorar, com o novo renascimento do *Finnegans* – "the Wake of the Wake" -, o mais difícil: não o grande escritor que se foi, mas o que vem, ou revém. E, ainda uma vez, aspirar o "panorama das flores da sua fala".

DO DESESPERANTO À ESPERANÇA
JOYCE REVÉM*

Haroldo de Campos

Por volta de outubro de 1922, os censores postais norte-americanos queimaram cerca de 500 cópias de uma nova tiragem do *Ulysses*, de James Joyce, impressa na França para a Egoist Press, de Londres, em sequência aos primeiros mil exemplares do livro, editados pela Shakespeare & Co. de Sylvia Beach em fevereiro do mesmo ano (mais exatamente, em 2 de fevereiro, data do 40º aniversário de Joyce, supersticioso cultivador de coincidências augurais). Em janeiro de 1923, outras quinhentas cópias do livro "maldito", acusado de obscenidade, foram retidas na alfândega inglesa e desapareceram, tendo sido o *Ulysses* banido da Grã-Bretanha. Qual não seria a surpresa desses zelosos "catões" de alfândega e correio, se tivessem podido imaginar que, dentro de algumas décadas, a obra estaria circulando em "paperback" nas livrarias, em torno dela proliferariam estudos críticos e teses universitárias, e até mesmo os próprios manuscritos do *Ulysses* acabariam por merecer uma edição fac-similar, em 3 majestosos volumes extremamente bem impressos (James Joyce, *Ulysses/The Manuscript and First Printings Compared*, Octagon Books, N. York, 1975, texto colacionado e anotado por Clive Driver). Coisa não menos surpreendente aconteceria com o *Finnegans Wake*, lançado em fevereiro de 1939 (não exatamente no dia 2, como gostaria o autor, que nessa data completava seus 57 anos, mas alternativamente no dia 4), em Londres e Nova York. A nova e supremamente complexa "obra em progresso", na qual o labiríntico e palimpséstico irlandês aplicou 18 anos de labor, escrita na linguagem hieroglífica e noturna do sonho, como uma

---

* Publicado originalmente no Suplemento "Cultura" nº 86 do jornal *O Estado de S. Paulo*, em 31 de janeiro de 1982.

espécie de enciclopédia onírica de mitemas em dispersão, a relatar por metáforas telescopadas a história arquetípica da humanidade, provocou estupor e consternação até mesmo entre alguns aficcionados do *Ulysses*. Pois bem, esta obra muito mais hermética e enigmática do que a anterior, com visos de "ilegibilidade" ainda maiores, uma sorte de "monsterpiece", estaria, também em algumas décadas, publicada em "paper-back" e, a partir de 1978, faria parte de uma nova edição monumental dos manuscritos joycianos, empreendida pela Garland Press de N. Iorque (James Joyce Archive), em 63 volumes, dos quais 36 dedicados à preservação textual, em fac-símile, das elaborações e reelaborações sucessivas da "work in progress" (estes últimos tomos confiados à amorosa perspicácia decifratória de um dos mais eminentes e sutis estudiosos da obra joyciana, David Hayman).

O fato auspicioso não apenas comprova as variações daquilo que se poderia chamar a "curva de Jauss" da recepção estética, mostrando como a resistência inovadora da obra "opaca" pode forçar a abertura do "horizonte de expectativa" dos públicos que se sucedem no tempo ("por um cômodo vico de recirculação", para colocar a questão em termos do próprio Joyce, admirador de Giambattista Vico), mas atesta a vitalidade da obra máxima de Joyce, no ano do centenário do nascimento de seu autor, que está para o nosso século como Flaubert (em especial o Flaubert de *Bouvard et Pécuchet*) para o fim do século passado. O corpus joyciano, mais do que nunca, ergue-se como um divisor de águas no romance contemporâneo, pela radicalidade de sua revolução da linguagem, anunciada já na fragmentação final do *A Portrait of the Artists as a Young Man* (1916), levada a níveis de complexidade incomuns no *Ulysses* e extremada até aos excessos de um "sanscreed" (sânscrito sem credo) polilíngue e polifacético no *Finnegans Wake*. É a esperança que volta a sorrir para o "desesperanto" joyciano, como que a confirmar com o aval do futuro a doação das "chaves" da escritura que o autor faz aos seus leitores porvindouros no final do livro, *The Keys to. Given!* ("As chaves para. Dadas!"). O que também se poderia formular, com palavras do filósofo Jacques Derrida, reconhecendo que em obras como o *Finnegans Wake* o futuro deixa-se antecipar "na forma do perigo absoluto", anunciando-se "sob a espécie da monstruosidade".

Admirado por Thomas Mann, que via em Joyce um paradigma de experimentalismo inovativo e que, embora sentindo-se um tradicionalista em confronto com as excentricidades do escritor irlandês, se confessava congenialmente ligado a Joyce pelo comum amor à paródia como operação estilística generalizada (aquilo que, na trilha da redescoberta das teorias de Bakhtin, o Ocidente passaria a estudar, no fim dos anos 60, como fenômeno de "intertextualidade"), o autor de *Ulysses* e do *Finnegans Wake* foi sempre rejeitado pelo conservantismo sócio-realista de Lukács, por seu turno um cultor devotado e analista penetrante de Thomas Mann. Lukács, em 1936, reprovou o inventivo escritor soviético Iuri Oliecha, autor da polêmica novela *Inveja* (1927; em port., há tradução de Boris Schnaiderman), por ter este declarado achar Joyce mais interessante do que Górki do ponto de vista formal. Em 1947, no livro *Existencialismo ou Marxismo?*, Lukács repete os seus ataques à vanguarda literária burguesa, afirmando que ela "vivia no meio de uma espécie de carnaval permanente da interioridade fetichisada" (sem se dar conta de que o fenômeno da "carnavalização", estudado de uma perspectiva bakhtiniana e aplicado a um escritor de linguagem rabelaisiana como Joyce, poderia trazer uma compreensão completamente diferente da visão cômica do mundo que se extrai do *Ulysses* como do *Finnegans*, com todo o potencial crítico e dessacralizador contido nessas duas obras). Às críticas lukacsianas, responderia Sartre (*Critique de la Raison Dialectique*) em termos candentes, acusando a fórmula "carnaval permanente da interioridade fetichisada" de "pedante e vaga" e argumentando que Joyce, ao contrário, "visava a criar um espelho do mundo, contestar a linguagem comum, e lançar os fundamentos de uma nova universalidade linguística", o que esvaziava de conteúdo concreto e desprovia de particularidade o reproche do crítico húngaro.

No Brasil, a fortuna crítica de Joyce assumiu aspectos singulares. Já em setembro de 1924, no n° 1 da revista *Estética*, anunciava-se um estudo de Sérgio Buarque de Holanda sobre James Joyce. Oswald de

Andrade, em artigos de 1943-1944 coligidos em *Ponta de Lança*, referia-se ao *Ulysses* (cuja tradução francesa, em edição corrente, saíra em Paris em 1930) como "um grande marco antinormativo". Em 1945, a Livraria do Globo de Porto Alegre publica a tradução do *Portrait* (*Retrato do Artista Quando Jovem*), pelo romancista José Geraldo Vieira. No ano anterior, uma jovem estreante, Clarice Lispector, havia publicado o seu inovador *Perto do Coração Selvagem*, cujo título era extraído de uma citação do Portrait que lhe servia de epígrafe (ver o fino estudo das relações do texto clariciano com a "epifania" do primeiro Joyce, levado a cabo por Olga de Sá, em *A Escritura de Clarice Lispector*, 1979). Com o movimento de poesia concreta e com a obra de Guimarães Rosa, na 2ª metade da década de 50, pode-se dizer que essa rosácea de convergências do mundo joyciano para com o mundo brasileiro adquiriu novas e decisivas implicações. A poesia concreta assumiu a palavra-ideograma, o microcosmo "verbivocovisual", utilizado por Joyce como célula compositiva no *Finnegans Wake*, incluindo-a, programaticamente, em seu Plano-Piloto de 1958. Quanto ao paralelo Guimarães Rosa/Joyce, desenvolveu-o Augusto de Campos em seu estudo de 1959, "Um Lance de 'Dês' do *Grande Sertão*", ao qual se seguiu, em 1962, meu artigo "A Linguagem do Iauaretê". Em *Tutaméia*, de 1967, o que antes se poderia rastrear por meio da reconstrução comparatística, manifesta-se de modo ainda mais claro, como referi em "Sanscreed latinized: the WAKE in Brazil and Hispanic America" (*Tri-Quarterly*, nº 38, 1977, número especial coordenado por David Hayman)[1]. No meio tempo, desde 1957, Augusto de Campos e eu, primeiro em jornal, depois em coletânea (*Panaroma do Finnegans Wake*, 1962, 2ª ed., Perspectiva, 1971), vínhamos publicando nossas "transcriações" de fragmentos do *Finnegans Wake* (*Finnicius Revém*). À época de sua primeira edição, nossa antologia ficou sendo a mais extensa seleção do *Finnegans* existente em tradução. Nessa atmosfera, sai, em 1965, o admirável *Ulisses* brasileiro

---

1. A respeito, vale a pena consultar o livro de Vera Novis, *Tutaméia: Engenho e Arte*, Debates nº 223, Perspectiva, 1989.

de Antonio Houaiss, que se singulariza entre as outras traduções do romance-marco de Joyce (inclusive aquela francesa, de 1930, assessorada pelo próprio autor), exatamente por ter adotado o "parti pris" da radicalidade na transposição da forma, ideia reguladora do programa levado à prática nos fragmentos do *Panaroma* (PAN+AROMA+PANORAMA) do F.W. ou FINNICIUS (FIM+INÍCIO+FINN, gigante da lenda irlandesa, cuja ressurreição – *Finnicius Revém* – poderia sempre ocorrer). Em abril de 1981, num simpósio realizado na Universidade do Texas em Austin, David Hayman referiu-se à antologia brasileira como a "mais ambiciosa tentativa, até a presente data", de versão de trechos do Wake, e como um modelo para o trabalho futuro". Para essa generosa avaliação, foi também relevante que a antologia abrangesse passagens "de uma variedade de capítulos"; estas, em conjunto, "apesar de ainda muito breves, fornecem uma significativa amostragem dos estilos wakianos". Menciono esta apreciação, para além do que há nela de meramente lisonjeiro, pelo fato de apontar para uma tarefa comum, muito longe ainda de chegar, como diz Hayman, ao "ideal da versão completa das 628 páginas do *Wake*". Que o trabalho até aqui realizado valha, pois, agora que JOYCE REVÉM, para que outros ponham mãos à obra. Ou quem sabe nós mesmos. Para reglossar outra vez o sanscredo esperançoso do irlandês babelizante em nosso portocálido e brasilírico idiomaterno...

SÍNTESE BIOBIBLIOGRÁFICA

1882 Nasce em Dublin.
1900 Publica *Ibsen's New Drama* (O Novo Teatro de Ibsen).
1901 Publica *The Day of Rabblement* (O Dia da Rebelião), panfleto.
1902 Estabelece-se em Paris. Privações.
1903 Chamado a Dublin, assiste à morte de sua mãe.
1904 Deixa Dublin, acompanhado de Nora Barnacle. Professor de inglês na Escola Berlitz, em Trieste.
1907 *Chamber Music* (Música de Câmera), poemas (Londres).
1914 *Dubliners* (*Dublinenses*), novelas (Londres). Tradução brasileira por Hamilton Trevisan em 1964 (Editora Civilização Brasileira, Rio de Janeiro).
1915 Ezra Pound empenha-se em auxiliar a carreira James Joyce. Chama a atenção de Harriet Weaver, diretora da revista *The Egoist*, sobre os trabalhos do jovem irlandês. Esta proporcionaria ao escritor, subsequentemente, uma substancial ajuda financeira. Joyce estabelece-se em Zurique.
1916 *A Portrait of the Artists as a Young Man* (Nova York). Traduzido em 1945 para o português, pelo romancista José Geraldo Vieira, sob o título: *Retrato do Artista Quando Jovem* (Livraria do Globo, Porto Alegre).
1918 *Exiles* (Exílios), teatro (Londres).
1920 Retorno a Paris.
1922 *Ulysses* (Ulisses), Paris. Tradução brasileira por Antônio Houaiss em 1965 (Editora Civilização Brasileira, Rio de Janeiro).
1923 Começa a escrever *Finnegans Wake*.
1924 Publicação dos primeiros fragmentos do *FW*, sob o título de "Work in Progress" ("Obra em Progresso"), na revista *Transition*.
1927 *Pomes Penyeach*, poemas (Paris).
1932 *From a Banned Writer to a Banned Singer* (De um Escritor Banido para um Cantor Banido), curioso opúsculo, no estilo do *FW*, em prol do tenor franco-irlandês J. Sullivan. Reimpresso em 1957 pelo Departamento de Inglês da "Northwestern University", Evanston, Illinois, EE.UU. (in *The Analyst*, ns. XIV-XV, publicação mimeografada).
1933 Liberada por sentença judicial a publicação de *Ulisses* nos EE.UU.
1937 *Collected Poems* (Poemas Coligidos), Nova York.

1939   *Finnegans Wake*, Londres e Nova York. O título deste romance-poema poderia ser traduzido livremente por Finnicius Revém, incluindo a ideia de fim e inicio, e incorporando sempre o nome de "Finn", gigante da lenda irlandesa, cuja, ressurreição, segundo a mesma concepção fabulosa, poderia ocorrer quando o país dele necessitasse; os sentidos concorrentes de "wake" (vigília, velório, – "Lots of fun at Finnegan's wake" é o tema de uma canção americano-irlandesa) e de novo despertar ("Finn again wakes") estariam de certa maneira preservados na paráfrase.
1941   Falecimento em Zurique.
1944   *Stephen Hero* (Estevão Herói), Londres e Nova York. (primeira versão de *A Portrait*).
1949   Exposição comemorativa da vida e da obra de Joyce, em Paris, na Galeria "La Hune".
1957   *Letters* (Cartas), Londres e Nova York.
1958   *The Critical Writings of James Joyce* (A Crítica de JJ), Londres e Nova York, (incluindo o opúsculo *From a Banned Writer...*
1966   *Letters* (Cartas), vols. II e III, Nova York.
1968   *Giacomo Joyce*, Nova York (inédito que constitui uma espécie de traço de união entre o *Portrait* e o *Ulysses*, publicado sob os cuidados de Richard Ellmann).

FRIEDHOF
FLUNTERN

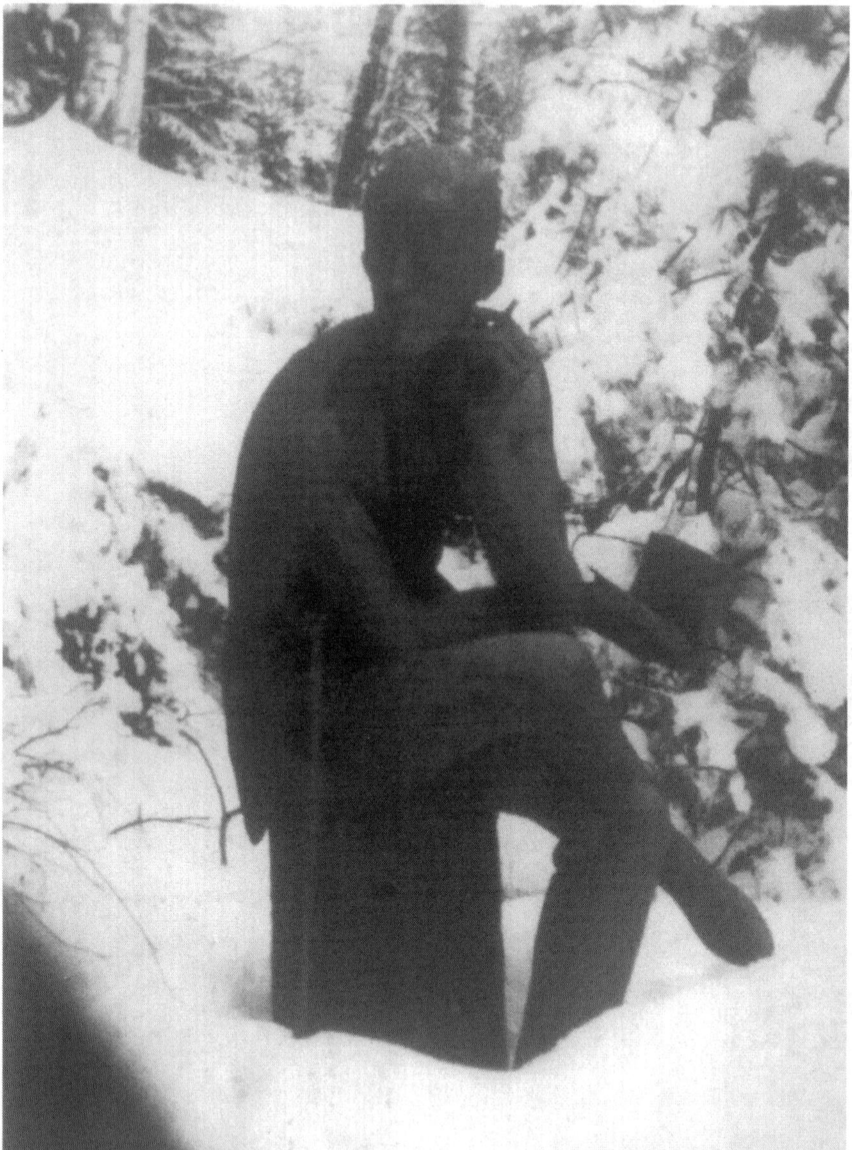

BIBLIOGRAFIA CONSULTADA

1. Traduções

– Do *Ulysses*:

Ulysse, tradução francesa por Auguste Morel e Stuart Gilbert, revista por Valéry Larbaud e James Joyce, Gallimard, Paris, 1948.

Ulises, tradução espanhola por J. Sales Subirat, Santiago Rueda-Editor, Buenos Aires, 1952.

– De fragmentos do *Finnegans Wake*:

BOUCHET, André du. "Les Veilles des Finnegans". In *La Nouvelle Revue Française*. Paris, n. 60, dezembro de 1957.

CHASTAING, Maxime. "Tentatives pour une traduction de *Finnegans Wake*", seguido de "James Joyce – *Finnegans Wake* – fragment". In *Roman*. Saint-Paul (Alpes-Maritimes), n. 3, junho 1951.

SETTANNI, Ettore. *James Joyce*. Edizioni del Cavallino, Veneza, 1955.

SOUPAULI, Philippe. *Souvenirs de James Joyce*. Éditions Edmond Charlot, Argel, 1945.

2. Sobre Joyce e sua obra

ATHERTON, James S. *The Books at the Wake – A Study of Literary Allusions in James Joyce's Finnegans Wake*. Faber & Faber, Londres, 1959.

BUTOR, Michel. "Esquisse d'un seuil pour Finnegan". In *La Nouvelle Revue Française*, Paris, n. 60, dezembro 1957.

CAMPBELL, Joseph & ROBINSON, Henry Morton. *A Skeleton Key to Finnegans Wake*. Harcourt Brace & Co., Nova York, 1946.

EDEL, Leon. *James Joyce – The Last Journey*. The Gotham Book Mart, Nova York, 1947.

GIEDION-WELCKER, Carola. *In Memoriam James Joyce*. Fretz & Wasmuth Verlag, Zurique, 1941.

GILBERT, Stuart. *James Joyce's Ulysses*. Faber & Faber, Londres, 1952.

GILLET, Lous. *Stèle pour James Joyce*. Éditions du Sagittaire, Paris, 1946. GIVENS, Seon. *James Joyce, Two Decades of Criticism*. (Jolas, Kermer, Eliot etc.), Vanguard Press, Nova York, 1948.

GLASHEEN, Adaline. *A Census of Finnegans Wake*. Faber & Faber, Londres, 1957.
_____. "Out of my Census" (suplemento da obra anterior). In *The Analyst*, publicação mimeografada do Department of English, Northwestern University, Evanston, Illinois, dirigida por Robert Mayo, n. XVII, 1959.
GORMAN, Herbert. *James Joyce, a definitive biography*. John Lane / the Bodley Head, Londres, 1949.
HAYMAN, David. *Joyce et Mallarmé*. 2 vols., Lettres Modernes, Paris, 1956. HUTCHINS, Patricia. *James Joyce's World*. Methuen & Co., Londres, 1957. *James Joyce – Sa Vie / Son Oeuvre / Son Rayonnement*: catálogo da exposição comemorativa, La Hune, Paris, outubro/novembro 1949.
JOLAS, Eugène. "Elucidation du Monomythe de James Joyce". In *Critique*. Paris, n. 26, julho 1948.
JOYCE, Stanislaus. *My Brother's Keeper*. Faber & Faber, Londres, 1958.
KAIN, Richard M. *Fabulous Voyager*. The University of Chicago Press, Chicago, 1947.
KAIN, Richard M. & MAGALANER, Marvin. *Joyce - the Man / the Work / the Reputation*. John Calder, Londres, 1957.
KELLEHER, John V. "Notes on *Finnegans Wake*". In *The Analyst*. n. XII, n. X, março 1956.
_____. "Notes on *Finnegans Wake*". In *The Analyst*, n. XII, abril 1957.
KENNER, Hugh. *Dublin's Joyce*. Chatto & Windus, Londres, 1955.
LEVIN, Harry. *James Joyce – A Critical Introduction*. New Directions, Norfolk, Connecticut, 1941.
MANNING, Mary. *James Joyce – The Voice of Shem* (adaptação teatral de passagens do *Finnegans Wake*). Faber & Faber, Londres, 1958.
NAGY, L. Moholy. *Vision in Motion*. Paul Theobald & Co., Chicago, 1956.
NOON, William T. *Joyce & Aquinas*. Yale University Press, New Haven, 1957.
OBRADOVIC, Adelheid. *Die Behandlung der Raeumlichkeit im spaeteren Werk des James Joyce*. Verlag Konrad Triltsch, Marburgo, 1934.
PARIS, Jean. *James Joyce par lui-même*. Editions du Seuil, Paris, 1957.
PHUL, Ruth von. "Shaun in Brooklin". In *The Analyst*, n. XVI, fevereiro 1959.
SCHLAUCH, Margaret. *The Gift of Language*. Dover, Nova York, 1955.
SWEENEY, James Johnson. "The Word was his Oyster". In *The Hudson Review*, Nova York vol. V, n. 3, outono 1952.
THOMPSON, John Hinsdale. "Soft Morning City! – A Paraphras of the end of *Finnegans Wake*". In *The Analyst*, n. XII, abril 1957.
TINDALL, W.Y. *James Joyce, his way of interpreting the modern world*. Charles Scribner's Sons, Nova York/Londres, 1950.
USSHER, Arland. *Three Great Irislimen – Shaw, Yeats, Joyce*. The New American Library, Nova York, 1957.
WILSON, Edmund. *Axel's Castle*. *Charles Scribner's Sons*, Nova York/ /Londres, 1950 (1ª ed., 1931).

OBSERVAÇÃO: A esta Bibliografia é indispensável acrescentar um documento de outro tipo. Trata-se da gravação "Meeting of James Joyce Society on October 23, 1951 – Finnegans Wake", Folkways Records & Service Corp. NY FP 93/94. Nesse disco figura a famosa leitura, por James Joyce, de um trecho do *FW* (pp. 213-216, episódio de "Anna Livia Purabelle", abrangendo o fragmento nº 14 da presente edição), única registrada em vida do autor. Contém ainda a gravação, além de comentários sobre a obra joyciana, leituras de outros excertos do *FW*, por Joseph Campbell (inclusive os fragmentos nºs 1, 6 e 22 desta edição.) A oralização dos textos do romancepoema de Joyce é fundamental para que se apanhe não apenas o ritmo que lhes é peculiar, como também, e principalmente, a gama sutilíssima de efeitos auditivos – semântica não escrita – que neles ressoa: *Tis optophone which ontophanes* (É optofone que ontofana).

ADENDO BIBLIOGRÁFICO DA 3ª EDIÇÃO*

1. Traduções
– Do *Ulysses*:
Ulisses, Tradução brasileira por Antônio Houaiss, Editora Civilização Brasileira, Rio de Janeiro, 1965 (2ª ed., revista e corrigida, 1967).
– De fragmentos do *Finnegans Wake*:
BOUCHET, André du. *Finnegans Wake*. Gallimard, Paris 1962 (fragmentos traduzidos por A. du Bouchet, com prefácio de Michel Butor e reimpressão dos fragmentos traduzidos coletivamente, incluídos em Ph. Soupault, Souvenirs de James Joyce).
* DIACONO, Mario. "Da *Finnegans Wake* (pp. 107-108), By the Stream of Zerrizem under Zigzag Hill". In *La Tartaruga*. Roma, fevereiro 1961.
LAVERGNE, Phíllippe. "Shem". In *Tel Quel*. Paris, n. 30, verão 1967; "*Finnegans Wake*, chapitre premier". In Change. Paris, n. 1, 1968.
LOURENÇO, M.S. "*Finnegans Wake*, I, 3". In *O Tempo e o Modo*. Lisboa, n. 57-58, fev./março 1968.

2. Sobre Joyce e sua obra

ATHERTON, James S. "A Few More Books at the Wake". In *James Joyce Quarterly*. The University of Tulsa. Oklahoma, vol. 2, n. 3, primavera 1965.
BATES, Ronald: "The Feast is a Flyday". In *James Joyce Quarterly*, cit.
*BECKETT, Samuel (e outros). *Our Exagmination Round His Factification For Incamination of Work In Progress*. Faber & Faber, Londres, 1961 (2ª ed.).

* Com exceção dos itens marcados com um * todos os demais livros e estudos incluídos neste adendo foram publicados a partir de 1962, data da 1ª ed. do *Panaroma*.

BENSTOCK, Bernard. *Joyce-Again's Wake*. University of Washington Press, Seattle e Londres, 1965; "The Gastronome's *Finnegans Wake*" e "A *Finnegans Wake* Address Book". In James Joyce Quarterly, cit.
CHRISTIANI, Dounia. "H.C. Earwicker the Ostman". In *James Joyce Quarterly*, cit.
DEMING, Robert H. *A Bibliography of James Joyce Studies*. The University of Kansas Publications, Kansas 1964.
ECO, Umberto. "Dalla Summa al *Finnegans Wake*: le poetiche de James Joyce". In *Opera Aperta*. Bompiani, Milão, 1962.
*ELLMANN, Richard. *James Joyce*. Oxford University Press. Nova York. 1959.
GLASHEEN, Adaline. *A Second Census of Finnegans Wake*. Northwestern University Press, Evanston, Illinois, 1963.
GLASHEEN, Adaline. "The Opening Paragraphs". In *A Wake Newslitter*. University of New Castle, N.S.W., vol. III, n. 1, fevereiro 1966.
HART, Clive. *Structure and Motif in Finnegans Wake*. Faber & Faber, Londres, 1962.
_____. *A Concordance to Finnegans Wake*. University of Minnesota Press, Minneapolis, 1963.
*HAYMAN, David. "Dramatic Motion in *Finnegans Wake*". In *The University of Texas Studies in English*, vol. XXXVII, 1958.
_____. *A First Draft Version of Finnegans Wake*. Faber and Faber, Londres, 1963.
_____. "Tristan and Isolde in *Finnegans Wake*: a study of the sources and evolution of a theme". In *Comparative Literature Studies*, vol. I, n. 2, 1964.
_____. *Configuration Critique de James Joyce* (contribuições de vários autores). Lettres Modernes, Paris, 1965.
_____. "Pound at the Wake or the Uses of a Contemporary". In *James Joyce Quarterly*, cit.
_____. "Scribbledehobbles and how they grew: a turning point in the development of a chapter" (separata s/ data nem loc. de publicação, enviada pelo autor).
*HIGGINSON, Fred H. *Anna Livia Plurabelle – The Making of a Chapter*. University of Minnesota Press, Minneapolis, 1960.
KENNER, Hugh. "Joyce's Portrait – A Reconsideration". In *The University of Windsor Review*, primavera, 1965.
*LITZ, A. Walton. *Tize Art of James Joyce – Method and Design in Ulysses and Finnegans Wake*. Oxford University Press, Londres, 1961.
MAJAULT, Joseph. *Joyce*. Éditions Universitaires, Paris, 1963.
MCLUHAN, Marshall: "Joyce, Mallarmé and the Press". In *Sewanee Review*. The University of the South, Sewanee, Tenessee, vol. 62, n. 1, inverno 1954, reimpresso in MCLUHAN. *Hot & Cool*, Penguin. Londres, 1968. Numerosas referências ao *Finnegans Wake* se encontram em todos os livros de McLuhan, de *The Mechanical Bride*, Vanguard Press, Nova York, 1951, a *War and Peace in the Global Village*, Bantam Books, Nova York, 1968.

O. HEIR, Brendan: "Anna Livia Plurabelle's Gaelic Ancestry". In *James Joyce Quarterly*, cit.
PHUL, Ruth von. "Joyce and the Strabismal Apologia". In *A James Joyce Miscellany*, 2ª série, Carbondale, Illinois, 1959.
*RODGERS, W.R. "O Despertar de Joyce". In *Revolução na Comunicação*. Rio de Janeiro, Zahar Editores, 1968 (tradução brasileira de *Explorations in Communication*, coletânea organizada por E. Carpenter e M. McLuhan, Beacon Press, 1960).
RYF, Robert S. *A New Approach to Joyce*. University of California Press, Berkeley e Los Angeles, 1962.
STAPLES, Hugh B. "Joyce and Cryptology: Some Speculations". In *James Joyce Quarterly*, cit.
VV.AA. *Tel Quel*, Paris, n. 30, verão 1967: textos sobre o *Finnegans Wake* de Jean Pierre Faye, Jean Paris e Philippe Lavergne.
VV.AA. *Joyce et le Roman Moderne*: número especial de *L'Arc*, Aix-en-Provence, n. 36, 1968. Tradução brasileira: Joyce e o Romance Moderno, Editora Documentos, São Paulo, 1969.
VV.AA. *The Analyst*: desta publicação da Northwestern University, Evanston, Illinois, dirigida por Robert Mayo, foram publicados até agora os seguintes números dedicados a estudos joycianos (incluindo alguns já citados na Bibliografia da 1ª edição): IX, X, XII, XIV - XVII, XIX - XXIV.
TINDALL, W.Y. *A Reader's Guide to Finnegans Wake*, Thames and Hudson, Londres, 1969.
*WILSON, Edmund. "The Dream of H.C. Earwicker". In: *The Wound and the Bow*, Oxford University Press, Nova York, 1947. Tradução brasileira: *Raízes da Criação Literária*, Editora Lidador, Rio de Janeiro, 1966.
_____. *O Castelo de Axel*, Editora Cultrix, São Paulo, 1967 (tradução brasileira de item já incluído na Bibliografia da 1ª edição; contém uma primeira versão, por Augusto de Campos, do fragmento 8 do *Finnegans Wake*, ora revista e ampliada).

3. Discos

Passages from James Joyce's Finnegans Wake: RCA Victor VDS-118, 1968 (trata-se da trilha sonora do filme de mesmo nome produzido e dirigido por Mary Ellen Bute, Evergreen Films).
Siobhan McKenna & Cyril Cusack reading Anna Livia Plurabelle & Shem, the Penman: Caedmon Publishers TC-1086, 1959.

ADENDO BIBLIOGRÁFICO DA 4ª EDIÇÃO

– do *Finnegans Wake*:
Finnegans Wake – HCE – tradução parcial para o italiano, por Luigi Schenoni, Mondadori, Milano, 1982.
Finnegans Wake – tradução integral para o francês, por Philippe Lavergne, Gallimard, Paris, 1982.
Anna Livia Purabelle (*Finnegans Wake*, I, viii) – tradução para o espanhol de Francisco García Tortosa, Ricardo Navarrete Franco e José María Tejedor Cabrera, Ediciones Cátedra, S.A., Madrid, 1992.
Finnegans Wegh: Kainnäh Übelsätzung des Werkess fun Schämes Scheuss – tradução integral para o alemão, por Dieter H. Stündel, Jürgen Häuser Verlag, Darmstad, 1993.
Finnegans Wake – tradução integral para o japonês por Naoki Yanase, Tóquio, Kawade Shibo, 2 vols., 1991/1994.
Anna Livia Purabelle di James Joyce – Tradução francesa de S. Beckett e outros / versão italiana de James Joyce e Nino Frank / versão italiana integral de Luigi Schenoni / tradução parcial em "Basic English" de C.K. Ogden (versão italiana de L. Schenoni) / tradução parcial francesa de A. Peron e S. Becket – organização de Rosa M.B. Bosinelli / introdução de Umberto Eco. Einaudi, Torino, 1996.
Finnegans Wake / Finicius Revém – Capítulo 1 – tradução de Donaldo Schüller, Ateliê Editorial, São Paulo, 1999. Idem, Capítulo 2, mesma editora e local, 2000.

2. Sobre James Joyce e sua obra:

Publicações especializadas:
TriQuarterly n. 38 (Winter 1977) – In the Wake of the Wake – (org.) David Hayman, Elliot Anderson. Northwestern University, Evanston, Illinois. Sob forma de livro: In the Wake of The Wake, The University of Wisconsin, Madison, 1978.
Europe nº 657/658 (janv.-fév. 1984) – James Joyce, Europe/Messidor, Paris.
riverrun – Ensaios sobre James Joyce – (org.) Arthur Nestrovski – Imago, Rio de Janeiro, 1992.
Joyce no Brasil – Antologia Bloomsday 1988-1997 – ensaios coligidos (org.) Munira Mutran e Marcelo Tápia. Olavobrás/ABEI, São Paulo, 1997.
Joyce Revém – edição comemorativa do 12º Bloomsday paulistano, Marcelo Tápia (org.), Olavobrás/ABEI, São Paulo, 1999,

Ensaios:
BROWN, Norman O. – *Closing Times*. Random House, New York, 1973.
*BURGESS, Anthony. *Homem Comum Enfim: uma Introdução a James Joyce para o Leitor Comum* (tit. orig.: *Here Comes Everybody: an introduction to James Joyce for the ordinary reader*) – tradução: José Antonio Arantes. Companhia das Letras, São Paulo, 1994.
SENN, Fritz. *Nichts gegen Joyce*. Haffmans Verlag, Zürich, 1983.
GONZÁLEZ, José Carnero. *James Joyce y la explosión de la palavra.Aproximación a la lectura de Finnegans Wake*. Universidad de Sevilla, 1989.
McHUGH, Roland. *Annotations to Finnegans Wake* (revised edition), The John Hopkins University Press, Baltimore e Londres, 1991.

3. Discos (CD)

Do *Finnegans Wake*: "*a queda*" (duas versões) e "*colidouescapo*" [fragmentos 1 e 4] – leitura de Augusto de Campos, música de Cid Campos – faixas 27 e 28 do CD "Poesia é Risco" , PolyGram, Rio de Janeiro, 1995.
Irish Dreams/Sonhos Irlandeses – edição comemorativa do Bloomsday 2000. Inclui fragmentos do *Ulysses* e do *Finnegans Wake*, lidos, respectivamente, por Bete Coelho e Haroldo de Campos. Olavobrás/ABEI, São Paulo, 2000.

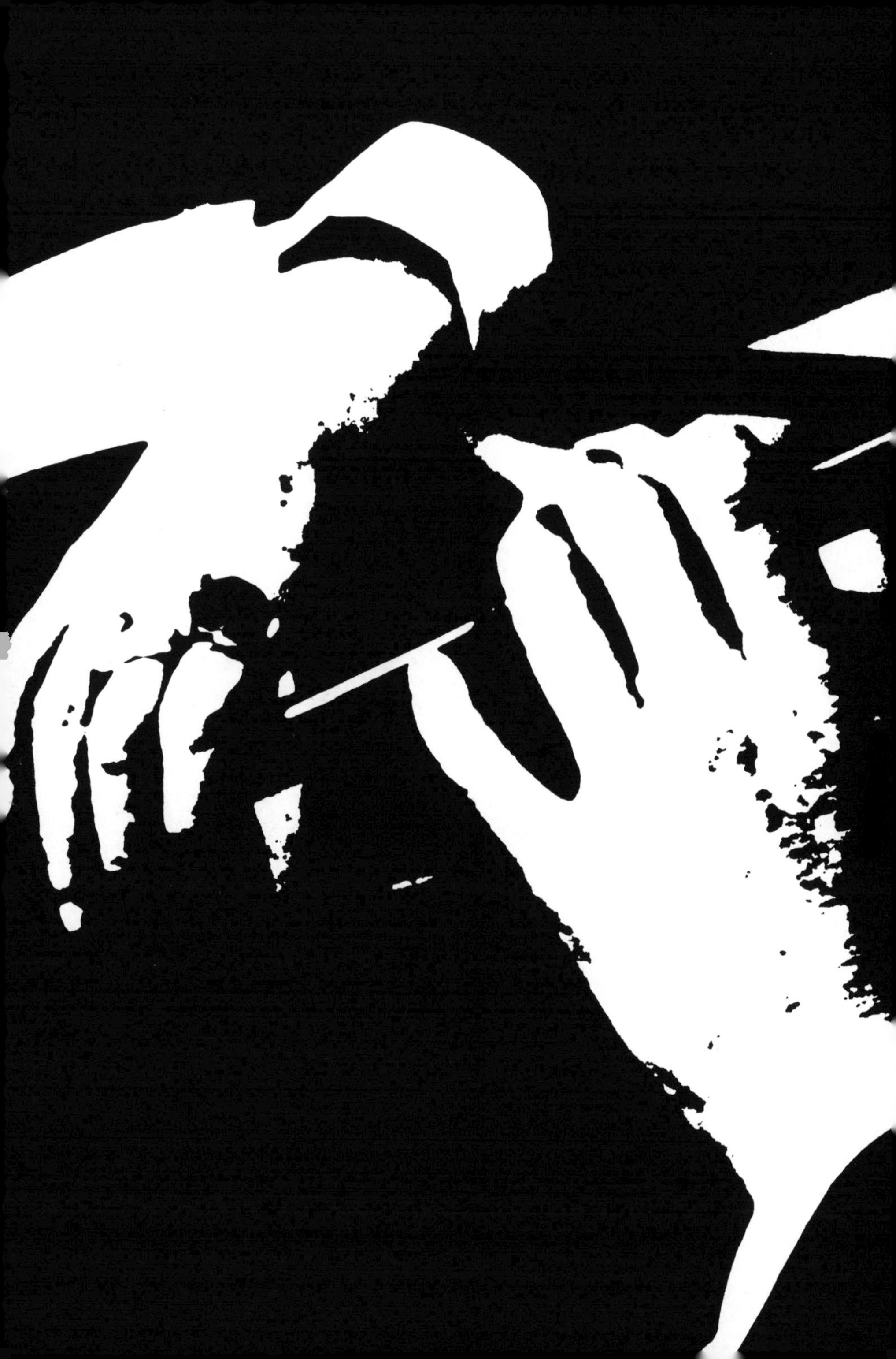

COLEÇÃO SIGNOS
HAROLDIANA

1. PANAROMA DO FINNEGANS WAKE • James Joyce (Augusto e Haroldo de Campos, orgs.)
2. MALLARMÉ • Augusto e Haroldo de Campos e Décio Pignatari
3. PROSA DO OBSERVATÓRIO • Julio Cortázar (Trad. de Davi Arrigucci Júnior)
4. XADREZ DE ESTRELAS • Haroldo de Campos
5. KA • Velimir Khlébnikov (Trad. e notas de Aurora F. Bernardini)
6. VERSO, REVERSO, CONTROVERSO • Augusto de Campos
7. SIGNANTIA QUASI COELUM: SIGNÂNCIA QUASE CÉU • Haroldo de Campos
8. DOSTOIÉVSKI: PROSA POESIA • Boris Schnaiderman
9. DEUS E O DIABO NO FAUSTO DE GOETHE • Haroldo de Campos
10. MAIAKÓVSKI – POEMAS • Boris Schnaiderman, Augusto e Haroldo de Campos
11. OSSO A OSSO • Vasko Popa (Trad. e Notas de Aleksandar Jovanovic)
12. O VISTO E O IMAGINADO • Affonso Ávila
13. QOHÉLET/O-QUE-SABE – POEMA SAPIENCIAL • Haroldo de Campos
14. RIMBAUD LIVRE • Augusto de Campos
15. NADA FEITO NADA • Frederico Barbosa
16. BERE'SHITH – A CENA DA ORIGEM • Haroldo de Campos
17. DESPOESIA • Augusto de Campos
18. PRIMEIRO TEMPO • Régis Bonvicino
19. ORIKI ORIXÁ • Antonio Risério
20. HOPKINS: A BELEZA DIFÍCIL • Augusto de Campos
21. UM ENCENADOR DE SI MESMO: GERALD THOMAS • Silvia Fernandes e J. Guinsburg (orgs.)
22. TRÊS TRAGÉDIAS GREGAS • Guilherme de Almeida e Trajano Vieira
23. 2 OU + CORPOS NO MESMO ESPAÇO • Arnaldo Antunes
24. CRISANTEMPO • Haroldo de Campos
25. BISSEXTO SENTIDO • Carlos Ávila
26. OLHO-DE-CORVO • Yi Sán^g (Yun Jung Im, org.)
27. A ESPREITA • Sebastião Uchôa Leite
28. A POESIA ÁRABE-ANDALUZA: IBN QUZMAN DE CÓRDOVA • Michel Sleiman
29. MURILO MENDES: ENSAIO CRÍTICO, ANTOLOGIA E CORRESPONDÊNCIA • Laís Corrêa de Araújo
30. COISAS E ANJOS DE RILKE • Augusto de Campos
31. ÉDIPO REI DE SÓFOCLES • Trajano Vieira
32. A LÓGICA DO ERRO • Affonso Ávila

33. POESIA RUSSA MODERNA • Augusto e Haroldo de Campos e B. Schnaiderman
34. RE VISÃO DE SOUSÂNDRADE • Augusto e Haroldo de Campos
35. NÃO • Augusto de Campos
36. AS BACANTES DE EURÍPIDES • Trajano Vieira
37. FRACTA: ANTOLOGIA POÉTICA • Horácio Costa
38. ÉDEN: UM TRÍPTICO BÍBLICO • Haroldo de Campos
39. ALGO : PRETO • Jacques Roubad
40. FIGURAS METÁLICAS • Claudio Daniel
41. ÉDIPO EM COLONO DE SÓFOCLES • Trajano Vieira
42. POESIA DA RECUSA • Augusto de Campos
43. SOL SOBRE NUVENS • Josely Vianna Baptista
44. AUGUSTO STRAMM: POEMAS-ESTALACTITES • Auguso de Campos
45. CÉU ACIMA: UM TOMBEAU PARA HAROLDO DE CAMPOS • Leda Tenório Motta (org.)
46. AGAMÊMNON DE ÉSQUILO • Trajano Vieira

COLEÇÃO SIGNOS

47. ESCREVIVER • José Lino Grünewald (José Guilherme Correa, org.)
48. ENTREMILÊNIOS • Haroldo de Campos
49. ANTÍGONE DE SÓFOCLES • Trajano Vieira
50. GUENÁDI AIGUI: SILÊNCIO E CLAMOR • Boris Scnhnaiderman e Jerusa Pires Ferreira (orgs.)
51. POETA POENTE • Affonso Ávila
52. LISÍSTRATA E TESMOFORIANTES DE ARISTÓFANES • Trajano Vieira
53. HEINE, HEIN? POETA DOS CONTRÁRIOS • André Vallias
54. PROFILOGRAMAS • Augusto de Campos
55. OS PERSAS DE ÉSQUILO • Trajano Vieira
56. OUTRO • Augusto de Campos
57. LÍRICA GREGA, HOJE • Trajano Vieira
58. GRAAL, LEGENDA DE UM CÁLICE • Haroldo de Campos

Impresso em São Caetano do Sul,
nas oficinas da Docuprint,
para a Editora Perspectiva.